DON BOSCO
VERLAG

Thorsten Böhner

Spiele, die Beziehung knüpfen

Für kreative Spiel- und Theatergruppen

Don Bosco

Die Deutsche Bibliothek – CIP-Einheitsaufnahme

Ein Titeldatensatz für diese Publikation
ist bei Der Deutschen Bibliothek erhältlich.

Für alle Theaterbegeisterten
eine Empfehlung zu Kindertheaterstücken:
Aus der Feder des Autors stammen die fünf Kinderstücke
mit Musik (je 90 min):
• Die drei Rätsel des Feuerfalken
• Der schwarze Kristall
• Die phantastische Insel
• Das kalte Herz
• Kalif Storch
• außerdem: diverse Comedy-Stücke
Alle erschienen im Deutschen Theaterverlag, Weinheim
oder im Impuls-Verlag, München.

1. Auflage 2000 / ISBN 3-7698-1209-3
© 2000 Don Bosco Verlag, München
Umschlag und Illustrationen: Felix Weinold
Gesamtherstellung: Don Bosco Grafischer Betrieb, Ensdorf

Gedruckt auf umweltfreundlichem Papier.

Inhalt

Vorwort

Die Faszination, sich in eine andere Person zu verwandeln und hinter dieser Fassade bekannte und unbekannte Gefühle und neue Situationen zu durchleben, – das allein ist für viele schon Grund genug, sich eine Maske aufzusetzen und in eine andere Haut zu schlüpfen.

Das szenische Spiel und das Theaterspiel sind nicht nur Möglichkeiten einer lebendigen, spannenden Freizeitgestaltung, sie haben auch unter sozialpädagogischen Aspekten Einiges zu bieten:

* Die Selbst- und Fremdwahrnehmung der Teilnehmer wird geschärft.
* Das Kennenlernen eigener Grenzen und die sensible Wahrnehmung der Grenzen anderer entfalten sich.
* Die Teamfähigkeit wird geübt, denn bei jedem Einzelnen kommt es darauf an, sich im richtigen Maß zu beteiligen oder auch zurückzunehmen.
* Die Flexibilität erweitert sich, denn jeder lernt auf spielerische Weise, ohne das gleich der Ernst des Lebens droht, sich auf Neues einzulassen.

Ob die folgenden Spiele nun im Laienspieltheater eingesetzt oder in der Arbeit mit Kinder- und Jugendgruppen als Möglichkeiten der Kontaktaufnahme und Förderung von persönlichen und sozialen Kompetenzen genutzt werden, in jedem Fall bieten die 140 Spiele viele spannende Anregungen.

Dieses Buch enthält zahlreiche Übungen, die von Theaterpädagogen und ausgebildeten Schauspielern im Rahmen ihrer Seminare angeboten werden. Gerade bei regelmäßigen Treffen von Spielgruppen stellt sich für die Beteiligten, vor allem aber für die Spielleiter die Frage nach Übungen für eine optimale Gestaltung des

Ablaufs. Die in diesem Buch beschriebenen Aktivitäten lassen sich sowohl bei regelmäßigen Treffen aber auch während einer mehrtägigen intensiven Arbeitsphase (Seminar, Workshop) anwenden. Sie sollen jedem einzelnen Mitspieler helfen, die eigene Rolle, vor allem aber sich selbst und die anderen Gruppenmitglieder besser kennen zu lernen. Denn Theaterspielen bedeutet mehr als das Lernen des Rollentextes – Theater ist Teamarbeit, das „Miteinander" ist entscheidend. Um so wichtiger ist es in diesem Bereich, dass sämtliche Teilnehmer in den Entstehungsprozess einer Aufführung gleichwertig eingebunden sind. Außerdem kann jeder Einzelne anhand der Übungen die eigenen Grenzen erkennen und gegebenenfalls sogar verschieben. Auch bilden die nachfolgend aufgeführten Aktivitäten eine Art Leitfaden für den Spielleiter, der hinsichtlich der Organisation oft vor zahlreichen Fragen steht: Wie lässt sich eine Probe bzw. ein Seminar am besten durchführen? Was ist zu beachten hinsichtlich des Einstieges in die Arbeitsphase, des Gesamtablaufes und des Abschlusses? Welche Hilfsmittel werden benötigt? Was gilt es darüber hinaus noch zu beachten?

Einige kurze Anmerkungen zu den nachfolgend aufgeführten Übungen:
Das zur Umsetzung der Übung benötigte Material wird am Ende jeder einzelnen Beschreibung genannt. Lediglich auf eventuell benötigte Stühle wird nicht besonders hingewiesen.
In diesem Buch ist des öfteren von einem „Spielleiter" die Rede, welcher nicht nur für die Organisation der Spieletreffen oder gar der Inszenierung der einzelnen Theaterstücke verantwortlich ist, sondern auch meist bei den dazugehörenden Übungen die Fäden in der Hand hält. Natürlich sind mit „Spielleiter" auch Spielleiterinnen angesprochen. Aus Gründen der Bequemlichkeit des Autors (Spielleiter**innen** hat immerhin fünf Buchstaben mehr als Spielleiter) wird hier auf die erste Möglichkeit zurückgegriffen und im gleichen Atemzug um Nachsicht gebeten.
Die Frage, für welche Gruppengröße die Spiele geeignet sind, lässt sich nur schwer beantworten, da dies von Übung zu Übung unterschiedlich ist. Im Allgemeinen hat sich eine Gruppenstärke

von zehn bis maximal zwanzig Personen als angemessen heraus-
kristallisiert. Bei zu kleinen Gruppen stellt sich das Problem, dass
die einzelnen Übungen schnell beendet sind. Der Spielleiter
müsste im Rahmen eines Spieletreffens oder eines Seminars eine
derart große Vielfalt an verschiedenen Übungen anbieten, dass
die Teilnehmer zu häufig gezwungen wären, sich binnen kurzer
Zeit von einer Aktivität auf die nächste „umzustellen". Diese ausgesprochen hohe Quantität ginge zu Lasten der Qualität. Der Nachteil bei zu großen Gruppen liegt dementsprechend auf der Hand:
Die Übungen würden um ein Vielfaches länger dauern und einen
gewissen Zeitrahmen schlichtweg sprengen. Die Möglichkeit der
anschließenden Besprechung wäre so gut wie gar nicht mehr
gegeben.

Zur Durchführung dieser Übungen werden Räumlichkeiten benötigt, die groß genug sind, dass sich jeder Teilnehmer bei körperli-
chen Übungen genügend ausbreiten kann. Für viele Aktivitäten,
bei denen die Darsteller nicht auf einem Fleck sitzen, sondern den
kompletten Raum beanspruchen (z.B. Fangspiele), wird ebenfalls
entsprechender Platz benötigt. Regelmäßige Belüftung der Räumlichkeiten (Fenster) sollte ebenso möglich sein, wie eine bedarfs-
weise Abdunkelung, z.B. bei Entspannungsübungen.

Bei Körperübungen mit einem Partner ist darauf zu achten, dass
Größe und Gewicht der beteiligten Personen in etwa übereinstim-
men. Unter Berücksichtigung dieses Gesichtspunktes ist es vorteilhaft, wenn sich diejenigen zusammentun, die im bisherigen Verlauf
der Gruppenaktivitäten eher weniger in Kontakt standen. So
besteht auf diesem Wege die Möglichkeit, besseren Zugang
zueinander zu finden.
Eine der wichtigsten Regeln lautet: keinen Gruppenzwang einfüh-
ren. Dies gilt vor allem, wenn Teilnehmer sich bestimmte Übungen
(z.B. aufgrund körperlicher Beeinträchtigungen oder gewisser
Hemmungen) nicht zutrauen. Grundsätzlich sollen die Grenzen
der einzelnen Personen von allen anderen akzeptiert werden.
Wenn sich jemand aus einer Übung „ausklinkt", aus welchen

Gründen auch immer, darf dies nicht dazu führen, dass er ein negatives Gefühl gegenüber der Gruppe haben muss oder sich wie ein Außenseiter vorkommt, nur weil er seine eigenen Empfindungen ernst nimmt.

Bei vielen Übungen ist ein anschließender Austausch aller Akteure wichtig. Dass dort die Leistungen der einzelnen Teilnehmer innerhalb der Übung angesprochen werden, ist zwangsläufig. Jede dahingehende Äußerung sollte konstruktiv vorgetragen werden, also rein sachlich. Das heißt nicht, dass keine Kritik geäußert werden darf. Wenn ein Teilnehmer zum Beispiel bei einer vorgeführten Pantomime zu kleine Bewegungen gemacht hat und die anderen somit nicht erkennen konnten, was er darstellte, sollte dies formuliert werden als: „Deine Bewegungen waren zu undeutlich. Dadurch war es schwer, sich deine Handlung vorzustellen." Völlig unangebracht sind Äußerungen wie: „Du hättest bei dieser Übung besser ausgesetzt!" oder „Du bist als Pantomime völlig ungeeignet!" Gegenseitige Fairness wird großgeschrieben. Das beinhaltet aber auch, dass derjenige, dessen Aktion unter Umständen (konstruktiv!) kritisiert wird, die Äußerungen der anderen Teilnehmer nicht persönlich nimmt und damit wütend auf die Kritiker ist – oder sich selbst wie ein Versager vorkommt.

Es ist nur natürlich, wenn gewisse Übungen einen anderen Verlauf nehmen, als das vielleicht vorher vom Spielleiter oder der Gruppe geplant war. Dies sollte aber nicht gleich die Qualität der Übung oder gar der Beteiligten in Frage stellen. Gemeinsam kann reflektiert werden, ob diese unerwartete Wendung nicht auch vorteilhafte Seiten hat, so dass die Gruppe daraus gewisse Erkenntnisse ziehen kann. Wenn beispielsweise bei Partnerübungen zwei Personen im Verlauf der Übung feststellen, dass sie sich nicht aufeinander einlassen können (z. B. beim „Blind führen", siehe Kapitel „Vertrauens- und Wahrnehmungsübungen", S. 63), sollte diese Erkenntnis einfach als gegeben akzeptiert werden. Wer sagt, dass es nicht zu einem späteren Zeitpunkt besser klappt?

Übrigens: Die Übungen müssen nicht ausschließlich vom Spielleiter vorbereitet und geleitet werden. Von Vorteil wäre, wenn auch
einige andere Mitglieder der Gruppe ab und zu gewisse Spieletreffen (oder ganze Workshops) vorbereiten. So kann auch der
Spielleiter besser in die Aktivitäten einbezogen werden, und die
anderen, die sonst nur als Schauspieler agieren, können sich auf
diese Weise – im wahrsten Sinne des Wortes – als „Spielleiter"
versuchen.

Neben Vorschlägen zur Gestaltung eines Spieletreffens oder eines
Seminars finden sich im hinteren Teil dieses Buches noch diverse
Tipps und Hinweise für die Auswahl von Stücken und die Beset-
zung der Rollen.

Gestaltung der Einstiegsrunde

„Aller Anfang ist schwer!" Diese Aussage gilt auch für die Durchführung einer intensiven Arbeitsphase von verschiedenen Gruppen. Es verhält sich hier wie beim Sport: Ein guter Start ist die Vor-
aussetzung für ein optimales Ergebnis, also sozusagen schon die
berühmte „halbe Miete". Diese Rubrik soll den Einstieg in die
Probe oder das Seminar erleichtern. Das gilt vor allem für Gruppen, die im Umgang miteinander noch nicht vertraut sind. Sie können sich mit den folgenden Spielen langsam einander annähern
und miteinander warm werden.

1. Begrüßungsrunde mit Stein

Alle Gruppenmitglieder setzen sich im Kreis zusammen. Sobald
der Spielleiter einige Begrüßungsworte an die Gruppe gerichtet
hat, lässt er einen (möglichst faustgroßen) Stein durch die Runde
wandern. Wichtige Regel hierbei: Nur die Person, welche den Stein
gerade in ihrer Hand hält, hat auch das Wort. Unterbrechen oder
Dazwischenreden von Seiten der anderen Teilnehmer ist absolut
tabu. Die Person mit dem Stein hat nun die Möglichkeit, über sich
selbst etwas zu erzählen. Auf diese Weise soll jeder Teilnehmer
seine Erwartungen äußern, die er an die bevorstehende Spielrunde
oder das Seminar stellt und über das Gefühl berichten, mit welchem
er an diese Aufgabe herangeht. Alle anderen sind aufgefordert, dem
„Steinbesitzer" zuzuhören. Das stärkt die Aufmerksamkeit und
Achtbarkeit füreinander.

Material: faustgroßer Stein

2.   Begrüßungsrunde im Kreis

Auch hier setzen sich alle Teilnehmer im Kreis zusammen, ein freier Stuhl wird in der Kreismitte platziert. Jeder Einzelne nimmt der Reihe nach auf diesem Stuhl Platz und macht einige Angaben zu seiner Erwartungshaltung in Bezug auf die Proben oder das Spieletreffen. Sobald er damit fertig ist, verlässt er die Mitte und setzt sich wieder auf seinen ursprünglichen Platz. Der Teilnehmer zu seiner Linken ist nun an der Reihe. Diese Variante hat eventuell den Nachteil, dass sich einige Personen unwohl dabei fühlen, im Mittelpunkt zu sitzen und von allen Seiten angeschaut zu werden. Im Zweifelsfall bietet das erste Spiel eine gute Alternative.

3.   Begrüßungsrunde in der goldenen Mitte

Die Gruppe stellt sich im Kreis auf. Ein Teilnehmer nach dem anderen tritt in die Mitte und wünscht von hier aus der Gruppe einen „Guten Morgen" (oder „Guten Abend", je nach Tageszeit). Jeder kann das auf seine ganz individuelle Art und Weise tun: laut, leise, gut- oder schlechtgelaunt, müde oder ausgeschlafen. Natürlich kann auch jede beliebige andere Wortwahl verwendet werden, die sich halbwegs zur Begrüßung eignet (z.B. „Ja, hallo erstmal", „Schön, euch zu sehen", usw). Wenn der einzelne Teilnehmer seinen Gruß ausgesprochen hat, nimmt er wieder seinen Platz innerhalb des Gruppenkreises ein. Nun tritt die gesamte Gruppe in die Mitte und wiederholt die Begrüßung des Betreffenden, und zwar nicht nur in der Wortwahl, sondern möglichst auch in der vorgegebenen Betonung.

4.   Ball zuspielen mit Namen

Gerade bei Teilnehmern, die untereinander noch nicht gut kennen, besteht eines der größten Probleme darin, sich die Namen der anderen „Mitstreiter" zu merken. Hier kann Abhilfe geschaffen werden

durch eine Übung, die sich möglichst sofort an die Vorstellungsrunde anschließen sollte. Die Teilnehmer stellen sich im Kreis auf.
Der Spielleiter bringt einen Ball beliebiger Größe ins Spiel. Er wirft
ihn einem Teilnehmer zu und ruft dabei laut seinen eigenen Vornamen. Der Angespielte versucht, den Ball aufzufangen. Dann ruft er
laut seinen eigenen Vornamen und wirft den Ball an eine dritte Person weiter. Diese ruft nun ebenfalls laut ihren Vornamen aus und
spielt den Ball zum Vierten usw. Der Spielfluss sollte hier mit
zunehmender Dauer an Tempo gewinnen.
In der zweiten Stufe des Spiels ruft nun derjenige, der den Ball
wirft, nicht seinen eigenen Namen, sondern den Namen der Person,
welcher er den Ball zuspielt.

Material: Ball, vom Tennisball bis Fußball ist alles geeignet

5.   Was bedeutet mein Name eigentlich?

Anhand eines mitgebrachten Namensbuches lässt sich ermitteln,
was sich hinter den einzelnen Vornamen der Gruppenmitglieder
verbirgt. Dass „Felix" gleichzusetzen ist mit „Der Glückliche", ist
sicher vielen bekannt. Aber was verbirgt sich zum Beispiel hinter

„Silvia" (= einsame Waldbewohnerin) oder „Thorsten" (= Donnerstein)? Und woher stammen diese Namen? Welchen Ursprung haben sie?

Viele werden hierbei überraschende Feststellungen machen, denn die meisten kennen lediglich die Bedeutung ihres eigenen Namens (und manche noch nicht einmal die).

Material: Namensbuch (in jeder Bibliothek erhältlich)

6.   Name – Adjektiv – Bewegung

Die Gruppe stellt sich im Kreis auf. Der Spielleiter tritt in die Kreismitte, ruft laut seinen Namen mit einem Eigenschaftswort davor („Fröhliche Elke"), das aber nicht unbedingt seinem Charakter oder seiner derzeitigen Stimmung entsprechen muss. Dazu macht er eine beliebige Körperbewegung, zum Beispiel eine geballte Faust. Dann tritt er sofort wieder an seinen Platz im Kreis zurück. Nun tritt die gesamte Gruppe in die Mitte und ruft laut, was der Spielleiter soeben „vorgesagt" hat („Fröhliche Elke"). Auch die gezeigte Handbewegung (geballte Faust) wird von allen wiederholt. Danach formiert sich die Gruppe wieder zu einem Kreis, und der Teilnehmer zur linken des Leiters ist an der Reihe. Er tritt in die Mitte, ruft seinen Namen mit Adjektiv vorweg („Griesgrämiger Markus") und macht eine spontane Körperbewegung, z.B. eine Kniebeuge. Wenn die Person wieder innerhalb der Kreisformation steht, treten alle Teilnehmer erneut in die Mitte und wiederholen das eben Gehörte und Gesehene. Das Spiel geht durch die Runde, bis jeder an der Reihe war.

7.   Mein Name geht durch die Runde

Die Gruppe formiert sich stehend zum Kreis. Der erste Spieler wendet sich seinem rechten Nachbarn zu mit den Worten: „Ich bin Susanne!" Dabei schüttelt er auch die Hand des Nachbarn und geht anschließend zum nächsten Nachbarn weiter, um sich auf die gleiche Weise vorzustellen. Derjenige, dem der betreffende Spieler die Hand zur Begrüßung reicht, sagt nun laut und deutlich: „Guten Tag, Susanne!" Wenn der betreffende Spieler sich bei jedem in der Runde vorgestellt hat, postiert er sich wieder auf seinem ursprünglichen Platz, und sein rechter Nachbar ist nun an der Reihe, sich den anderen auf die gleiche Weise vorzustellen und sie zu begrüßen. Wichtig ist dabei, dass die einander Begrüßenden Augenkontakt halten.

8. Namensschilder

Eine schöne Variante für Gruppen, die sich vielleicht erst vor kurzer Zeit formiert haben und im Umgang miteinander noch nicht so vertraut sind: Jeder Teilnehmer bastelt vor Beginn eines vorher vereinbarten Treffens kleine Namensschilder. Auf diesen trägt er nicht nur seinen Namen ein, sondern auch ein Symbol oder einen Gegenstand, der in irgendeiner Weise mit seiner Person untrennbar verknüpft ist. Ein sportbegeisterter Teilnehmer kann einen Fußball auf sein Namenschild malen, ein anderer sein großes Idol im Kleinformat, der nächste vielleicht einfach ein Nahrungsmittel, was er für sein Leben gern verzehrt. Anschließend heftet sich jeder sein Schild am Oberkörper (etwa in Brusthöhe) fest, und die Gruppe setzt sich zusammen. Jeder erläutert der Reihe nach, warum er ein bestimmtes Symbol auf seinem Namensschild verewigt hat.

Material: Papier, Buntstifte, kleine doppelseitige Klebestreifen zum Anheften

9. Ich sag deinen Namen

Die Gruppe bildet Paare, so dass sich jeweils zwei Teilnehmer einander gegenüberstehen und anschauen. Partner A spricht den Namen von B mehrmals aus, wobei er seine Mimik und seine Betonung ständig verändert. B beobachtet A dabei genau, ohne anschließend eine Wertung abzugeben. Danach spricht B den Namen von A in verschiedenen Varianten aus. Die Partner sollten in diesem Spiel mehrmals wechseln.

10. Gruppenpuzzlen

Von den meisten Spielgruppen existieren in der Regel Gemeinschaftsfotos. Zum Einstieg in eine intensive Arbeitsphase (Seminar, Workshop) lässt der Spielleiter ein solches Foto auf ein bestimmtes Format vergrößern. Diese große Ablichtung schneidet er dann mittels Schere in so viele Stücke, wie Teilnehmer vorhanden sind. Dann steckt er jedes Fototeil in einen Umschlag, und zu Beginn der Arbeitsphase händigt er jedem Spieler einen Umschlag aus. Dann öffnet jeder seinen Umschlag und zieht sein Puzzle-Teil heraus. Die einzelnen Teile müssen nun auf dem Boden so zusammengelegt werden, dass am Ende wieder das ursprüngliche Foto vor der Gruppe ausgebreitet ist. Neben dem Spaß, der bei diesem Spiel gewiss ist, wird vor allem deutlich, was in jeder Gruppe gilt:

Es kann nur ein erkennbares Ergebnis entstehen, wenn sprichwörtlich jeder sein Teil dazu beiträgt.

Material: vergrößertes Foto, Schere, Umschläge

11. Geheimnisse preisgeben

Die Teilnehmer finden sich zu Paaren zusammen. Nun vertrauen sie sich gegenseitig Geheimnisse über ihre Person an, die innerhalb der Gruppe nicht oder nur sehr wenigen Leuten bekannt sind. Bei einer Gruppe, die aus Personen besteht, die sich vorher noch nie begegnet sind, kann es sich dabei um Berufe, Hobbys, Lieblingsgerichte oder favorisierte Künstler (Schauspieler, Sänger etc.) handeln. Anschließend muss die Gruppe im großen Kreis erraten, was auf den Einzelnen zutrifft. Beispiel:
In einer Gruppe, die sich vorher noch nie gesehen hat, tun sich Jutta und Max zusammen. Vorgabe des Spielleiters ist es, das Hobby zu verraten. Jutta erzählt Max, dass sie am liebsten Tennis spielt. Max gibt Jutta preis, dass er eine Vorliebe für das Kochen hat.
Wenn auch alle anderen Teilnehmerpaare sich beraten haben und die beiden an der Reihe sind, wendet sich Jutta an die Gruppe: „Neben mir sitzt Max. Welches Hobby hat er wohl? Erstens: Segelfliegen, zweitens: Kochen, drittens: Kegeln."
Die anderen Gruppenmitglieder sind nun aufgefordert, die Lösung herauszufinden. Wenn sich die Gruppe auf ein Ergebnis geeinigt hat, verrät Max sein wahres Hobby. Dann stellt er ebenso Jutta vor und nennt drei ihrer möglichen Hobbys; die Gruppe soll das tatsächliche erraten.
Bei Personen, die sich untereinander schon besser kennen, könnte zum Beispiel hinterfragt werden, welche besonderen Streiche sie als Kinder ausgeheckt haben, z.B. einen Christbaum in Brand gesetzt, Luft aus Autoreifen gelassen, usw.
Wichtig: In diesem Fall sollen selbstverständlich keine intimen Geheimnisse preisgegeben werden, die in einer Gruppe nichts zu suchen haben. Zu persönliche Angelegenheiten sind tabu.

12. Interview

Das Spiel „Interview" ist eine weitere Möglichkeit des besseren Kennenlernens. Jeweils zwei Teilnehmer bilden ein Paar. Nun erzählt jeder dem anderen etwas über sich: Beruf, Hobby, vielleicht auch kleine Marotten usw. Anschließend setzt sich die Gruppe im Kreis zusammen, und in der Mitte werden nebeneinander zwei Stühle platziert. Hier nehmen nun der Reihe nach die einzelnen Interview-Paare Platz und stellen sich gegenseitig vor. Partner A stellt den anderen Personen im Kreis seinen Partner B mit Namen vor und erzählt darüber, was er kurz vorher selbst von B erfahren hat. Danach ist B an der Reihe, etwas über A zu erzählen. Unter Umständen kann jeder dabei auch in die Haut seines Interview-Partners schlüpfen und alles, was er über ihn nun weiß, in der Ich-Form erzählen. Die Runde ist beendet, wenn sich jedes Interview-Paar in der Mitte des Kreises vorgestellt hat.

13. Gegenstände verlosen

Vor dem gemeinsamen Treffen wird vereinbart, dass jeder einen (nicht zu großen) Gegenstand mitbringt, der vielleicht für andere völlig unscheinbar wirkt, für den Betreffenden aber – aus welchem Grund auch immer – eine besondere Bedeutung hat. Im Gemeinschaftsraum wird ein großer Stoffsack platziert, in welchen jeder seinen Gegenstand hineinsteckt, und zwar möglichst so, dass die anderen nicht sehen, um was für einen Gegenstand es sich handelt. Danach geht der Spielleiter mit dem Sack durch den Raum, und jeder fischt blind einen Gegenstand heraus. Wer seinen eigenen dabei erwischt, steckt ihn zurück und versucht sein Glück noch einmal. Die Gruppe setzt sich zusammen, und jeder erzählt nun, was ihm zu dem Gegenstand, den er in Händen hält, gerade einfällt. Er kann sich dazu äußern, wie dieser Gegenstand auf ihn wirkt und wie er sich die Person vorstellt, welcher dieses Objekt gehört. Nachdem jeder Teilnehmer sich geäußert hat, nimmt ein jeder „seinen" eigenen mitgebrachten Gegenstand wieder an sich, und in einer erneuten Gesprächsrunde erzählen nun die wahren Besitzer etwas über die Bedeutung ihres Mitbringsels. Mit einer kleinen Variante dieses Spiels können auch Paare für verschiedene Spiele gebildet werden. In dem Fall verstaut nur die erste Hälfte der Gruppe ihre Gegenstände im Stoffsack, die zweite Gruppe zieht jeweils einen heraus. Anschließend tut sich jeder mit dem Besitzer des Gegenstandes, den er aus dem Sack gefischt hat, zusammen.

Material: ein Stoffsack, je Teilnehmer ein (nicht zu großer) Gegenstand

14. Kinderfotos

Dieses witzige Spiel lässt sich sowohl in Gruppen durchführen, die sich schon kennen, als auch in denen, die einander noch nicht vertraut sind. Jeder Teilnehmer bringt nach vorheriger Vereinbarung ein Foto zum Treffen mit, das ihn selbst als Kind darstellt. Am besten eigenen sich Kinderfotos im Lebensalter zwischen fünf und zehn Jahren. Der Spielleiter sammelt die Fotos ein und steckt jedes davon in völlig gleichartige Umschläge. Dann mischt er diese gut durch und lässt nun jeden Teilnehmer einen Umschlag ziehen. Sollte jemand anschließend sein eigenes Foto in Händen halten, muss der Losvorgang wiederholt werden. Nun versucht jeder, die Person ausfindig zu machen, deren Foto er im Besitz hat. Dabei kann anschließend verglichen werden: Wer hat sich extrem verändert, und wer trägt vielleicht noch heute gewisse Züge aus Kindertagen?

Auch hier lassen sich wie im vorherigen Spiel – Paare bilden, indem nur eine Hälfte der Gruppe Kinderfotos an den Spielleiter übergibt. Der steckt diese in Umschläge, und jede Person der anderen Gruppenhälfte zieht einen Umschlag und tut sich mit der Person zusammen, die auf dem Foto abgelichtet ist.

Material: pro Teilnehmer ein Kinderfoto und einen Umschlag

15. Schlüsselerlebnis

Bei Gruppen, die in einer gewissen Konstellation schon lange zusammenarbeiten, besteht die Gefahr, dass sich bei jedem Treffen stets diejenigen Personen zusammentun, die ohnehin während und vielleicht auch außerhalb der Gruppenaktivitäten viel Zeit miteinander verbringen. Das fängt bereits bei der Sitzordnung an. Formiert sich die Gruppe z.B. zur Begrüßung im Kreis, ist es fast sicher, dass sich Personen nebeneinander setzen, die immer zusammensitzen. Die Möglichkeit, andere Leute der Gruppe besser kennen zu lernen, wird hier von Anfang an erschwert. Das Spiel „Schlüsselerlebnis" kann Abhilfe schaffen. Die Gruppe setzt sich zunächst beliebig im Kreis zusammen, der Spielleiter dagegen postiert sich in der Mitte. Er geht auf einen Spieler zu, gibt ihm die Hand, sagt „Guten Abend …" und hängt den Namen des Spielers dahinter. Der Angesprochene erhebt sich und geht nun mit dem Spielleiter auf eine dritte Person zu, welche von beiden auf die gleiche Art begrüßt wird und danach aufsteht. Das Spiel kann sich solange fortsetzen, bis alle Teilnehmer auf den Beinen sind. Dann lässt der Spielleiter geräuschvoll ein Schlüsselbund zu Boden gleiten. Das ist das Zeichen für alle, sich hinzusetzen. Da nun jedoch auch der Spielleiter bestrebt ist, sich hinzusetzen, ist insgesamt ein Stuhl zu wenig vorhanden. Derjenige, der übrigbleibt, nimmt den Schlüsselbund an sich und startet eine neue Begrüßungsrunde mit gleichem Verlauf. In jedem Fall wird die vorherige Sitzordnung kräftig durcheinandergewirbelt.

Material: Schlüsselbund

16. Reisefieber

Auch bei diesem und den beiden folgenden Spielen geht es darum, Gewohnheiten aufzubrechen und die Gruppe neu zu formieren. Wieder nehmen alle auf Stühlen im Kreis Platz. In der Kreismitte steht der Spielleiter. Jeder Spieler erhält nun einen Städtenamen zugewiesen, z.B. Köln, Hamburg, Berlin, Essen, Frankfurt, München etc. Dann nennt der Spielleiter eine beliebige Reiseroute, z.B.: „Ich fahre von Berlin nach Hamburg, und zwar jetzt sofort!" Nach diesem Satz müssen die beiden betreffenden Spieler ihre Plätze tauschen. Doch Vorsicht: Der Spielleiter wird nun versuchen, einen der beiden freigewordenen Plätze zu ergattern. Gelingt ihm das, muss der Spieler als Reiseleiter fungieren, für den kein Stuhl mehr übrigbleibt. Ansonsten muss der Spielleiter erneut sein Glück versuchen. Das Ganze kann noch mehr Aktion bekommen, wenn der Spieler in der Mitte mehrere Städte einbezieht, indem er z.B. ruft: „Ich reise von München nach Hamburg über Köln, Essen und Bremen, und zwar jetzt sofort!" Nun müssen alle angesprochenen Spieler untereinander die Plätze wechseln. Auch hier werden nach dem Spiel nur sehr wenige noch auf ihrem ursprünglichen Platz sitzen. So wird im wahrsten Sinne der Austausch, aber auch die Konzentration gefördert.

17. Auf Stichwort wechseln

Eine dritte Variante zum Plätze tauschen: Die Gruppe sitzt auf Stühlen und bildet einen Kreis um den stehenden Spielleiter. Vorher wird ein Wort bestimmt, das im Verlauf des Spiels den Impuls zum Wechsel gibt, z.B. das Wort „Sommer". Der Seminarleiter erzählt nun eine Geschichte, in welche er irgendwann das Wort „Sommer" einbaut. Daraufhin müssen alle Spieler untereinander die Plätze tauschen, auch der Spielleiter versucht, auf einem Stuhl Platz zu nehmen. Derjenige, der übrigbleibt, muss nun ein neues Stichwort auswählen und eine andere Geschichte erzählen, bis es erneut zum „Platzwechsel" kommt.

18. Backbord und Steuerbord

Die Gruppe sitzt in eng nebeneinander postierten Stühlen im Kreis, nur ein Stuhl bleibt frei. In der Mitte befindet sich ein Freiwilliger, der sogenannte „Kapitän". Er gibt nun durch seine Befehle den Spielern das Kommando, um eine Position nach rechts oder links zu rücken. Wenn er ruft „Steuerbord", muss der Spieler, an dessen rechter Seite sich der freie Stuhl befindet, schnell auf diesen freien Stuhl rücken, und die links neben ihm sitzenden Spieler rücken nun nach. Ebenso gilt es auf die gleiche Weise nach links zu rücken, wenn der Kapitän „Backbord" ruft. Das Umrücken muss schnell vor sich gehen, da der Kapitän währenddessen versuchen wird, auf einem freien Stuhl Platz zu nehmen. Gelingt ihm das, muss derjenige, für den nun kein Stuhl mehr vorhanden ist, in die Mitte und den Kapitän spielen.

Kleiner Tipp, wie man Backbord und Steuerbord leichter auseinanderhält: Steuerbord ist rechts. **R**echts beginnt mit dem Buchstaben **R**, und Steue**r**bo**r**d enthält zwei **R**, Backbord (links) dagegen nur eins.

Aufwärmspiele

Dieser Abschnitt beinhaltet in erster Linie Übungen, die dazu die-
nen, den Körper warm zu machen. Wer innerlich verkrampft ist
und Hemmungen hat, mit anderen in Kontakt zu treten oder aus
sich herauszugehen, zeigt das meist auch in einer körperlich ver-
krampften Haltung. Darum widmet sich dieses Kapitel speziell dem
Aufwärmen der verschiedenen Körperpartien von Kopf bis Fuß.
Gleichzeitig tragen die Übungen aber auch zur Steigerung der
geistigen Konzentration bei.

19. Aufwärmen von Kopf bis Fuß

Jeder beginnt diese Übung, indem er sich kräftig mit beiden Händen das Gesicht ausstreicht. Die abgestreifte imaginäre Müdigkeit
wird mit einer kräftigen Handbewegung zu Boden geworfen.
Dann macht jeder seine Gesichtsmimik so groß wie möglich:
Augenbrauen hochgezogen, Augen und Mund weit aufgerissen,
Nasenflügel so weit wie möglich gespreizt. Nach einigen Sekunden
wird das Gesicht ganz klein gemacht: die Augen zugekniffen, die
Stirn in Falten gelegt, die Lippen aufeinandergepresst, um dann
nach wenigen Sekunden das Gesicht noch einmal ganz groß zu
machen. Dann klopft jeder seiner Schulterpartien, Ober- und
Unterarme und den Bauch kräftig ab. Dabei sollte sich jeder
solange Zeit lassen, bis er das Gefühl hat, dass der Körper tatsächlich „wachgeklopft" ist. Dann werden die Arme nach vorne
gestreckt. Die Finger sind so weit wie möglich gespreizt, um sie
nach einigen Sekunden zur Faust zu ballen und kurze Zeit später
erneut zu spreizen. Natürlich sollte auch der Rücken wachgeklopft

werden. Da das der Einzelne bei sich selbst schlecht praktizieren kann, können sich alle im Kreis aufstellen, wobei jeder den Rücken seines Nachbar gründlich, aber behutsam abklopft (Vorsicht vor allem im Bereich der Wirbelsäule!). Dann kann jeder Einzelne seine Ober- und Unterschenkel abklopfen. Um sich den Füßen zu widmen, hockt sich jeder auf den Boden und beginnt nun, nacheinander den linken und rechten Fuß mit den Händen gründlich durchzukneten. Dabei sollte jede Fußpartie bedacht werden: Zehen, Ober- und Unterseite und Ferse. Zum Schluss sollte jeder nochmal in seinen Körper hineinhorchen und Körperpartien, die seiner Meinung nach noch nicht warm genug sind, durch entsprechendes Abklopfen bzw. Durchkneten nachbehandeln.

20. Aufwärmen mit Musik

Zu einer möglichst fetzigen Musik laufen die Teilnehmer durch den Raum, und zwar in allen möglichen Formen: vorwärts, rückwärts, auf Zehenspitzen, Fersen, auf den Fußaußen- oder -innenseiten, mit kleinen und großen Schritten, hüpfend usw. Dabei auch die restlichen Körperpartien nicht vergessen, d.h. Kopf, Schulter und Arme zwischendurch kräftig ausschütteln.

Material: Tonträger (CD, Kassette) mit entsprechendem Abspielgerät

21. Aufwärmen mit Musik und Tanz

Die Gruppe stellt sich im Kreis auf und beginnt zur Musik zu tanzen. Dann geht einer nach dem anderen in die Kreismitte und tanzt dort auf seine ganz individuelle Art und Weise, ggf. kann er sich noch einen beliebigen Mitstreiter aus dem Kreis dazuholen, um mit ihm gemeinsam in der Mitte zu tanzen. Die anderen imitieren den Tanz des Vortänzers, ohne sich darüber lustig zu machen, denn jeder Tanzstil eines Einzelnen soll akzeptiert werden. Dann wird die Kreismitte wieder freigemacht, und der nächste Vortänzer geht in die Mitte. Das Spiel wird fortgeführt, bis jeder einmal an der Reihe war.

Material: Tonträger (CD, Kassette) mit entsprechendem Abspielgerät

22. Luftballontreten

Alle Teilnehmer bekommen mittels einer Schnur einen aufgeblasenen Luftballon um eines ihrer Fußgelenke gebunden. Nach dem Startzeichen des Spielleiters versucht jeder, die Ballons seiner Mitstreiter durch heftiges Drauftreten zum Platzen zu bringen. Dabei sollte natürlich ein Auge darauf geworfen werden, dass der eigene Ballon am Fuß unversehrt bleibt. Sieger ist logischerweise, wer als Letzter noch einen heilen Ballon am Fuß hat.

Kleine Variante: Anstatt eines einzelnen Ballons bekommt jeder Spieler **zwei Ballons** (einen am rechten und einen am linken Fußgelenk) „verpasst".

Material: jede Menge Luftballons und Schnüre

23. Stuhlstafette

Die Teilnehmer bilden zwei Gruppen. Die Anführer beider Mannschaften setzen sich auf zwei nebeneinander stehende Stühle. Die anderen Spieler setzen sich ebenfalls auf Stühlen in Reihen hinter ihre jeweiligen Anführer. Zwischen beiden Mannschaften muss eine Gasse bleiben, die genügend Platz lässt um hindurchzulaufen. Auf ein Startzeichen springen die Anführer auf, laufen an ihrer Mannschaftsreihe entlang bis zum letzten Spieler. Diesem geben sie einen leichten Schlag auf den Rücken. Für den angesprochenen letzten Spieler heißt es nun, sich zu erheben, während der Anführer auf dem jetzt freien Stuhl Platz nimmt. Der ehemals letzte Spieler gibt nun seinem ehemaligen Vordermann (also dem Vorletzten) durch einen Schlag auf den Rücken den Befehl, sich zu erheben und ihm selbst Platz zu machen. Der Vorletzte steht auf und wendet sich wieder an seinen ehemaligen Vordermann. So setzt sich das Ganze fort, bis der zweite Spieler in der Stuhlreihe vorne in der Reihe sitzt. Dann erhebt er sich, läuft nach hinten zum ehemaligen Anführer (der ja nun der letzte in der Reihe ist), schlägt diesem auf den Rücken, und die ganze Aufrückerei geht weiter, bis der ehemalige Anführer auch wieder Anführer ist, also wieder auf dem ersten Platz in der Reihe sitzt wie zu Beginn des Spiels.

24. Der Fänger jagt die Meute

Eine Person wird zum Fänger bestimmt. Dieser Fänger muss nun – getreu seines Titels – versuchen, eine andere Person aus der Truppe einzufangen. Dies wird erschwert dadurch, dass er die anderen nicht einfangen kann, wenn sie sich während der Hetzjagd zu Zweier-Gruppen zusammenfinden (z.B. durch gegenseitiges An-die-Hand-Nehmen). Von einer solchen Zweier-Gruppe muss der Fänger ablassen und sich den übrigen, noch einzeln laufenden Spielern zuwenden. Die Zweier-Gruppen müssen sich sofort auflösen, sobald der Fänger wieder außer Reichweite ist. Hat der Fänger Erfolg, wird derjenige, den er erwischt hat, zum neuen Fänger.
Das Spiel kann für die „Gejagten" erschwert werden, indem statt Zweier-Gruppen nur Dreiergruppen oder eventuell sogar Vierergruppen vor dem Fänger sicher sind, d.h., die Gejagten müssen sich dann mindestens immer schnell zu dritt oder viert zusammentun, um nicht gefangen zu werden.

25. Schlangenjagd

Alle stellen sich hintereinander in einer Reihe auf und fassen ihrem Vordermann mit beiden Händen um die Taille. Sie bilden nun eine Schlange, wobei der erste Spieler den Kopf der Schlange darstellt, der letzte das Schwanzende der Schlange markiert. Auf ein Zeichen rennt die Gruppe los, der „Kopf" gibt die Richtung vor und muss versuchen, den letzten Mann, also das Hinterteil der Schlange, zu erwischen. Dabei dürfen sich die einzelnen Spieler nicht loslassen. Eine Variante des Spiels: Es werden zwei Schlangen gebildet, und der jeweilige Kopf der Schlange muss nun versuchen, den Hintermann der anderen Schlange zu erwischen, ohne dass der Hintermann seiner eigenen Gruppe vom Kopf der anderen Gruppe gepackt wird.

26. Ball werfen und zählen

Bei diesem Spiel kann ein Tennisball oder ein größerer Ball leichten Gewichts verwendet werden. Die Darsteller formieren sich im Kreis und spielen sich gegenseitig den Ball zu. Der Spielleiter zählt mit. Wenn diese Übung fünfzig Mal gelingt, ist das ein Zeichen, dass die Konzentration gut ist. Deshalb sollten die Spieler versuchen den Ball fünfzig mal hin- und her zu werfen, ohne dass er den Boden berührt.

Diese Übung hört sich leichter an, als sie ist. Während der ersten Versuche landet der Ball meist noch vor dem Erreichen von zehn

Würfen auf der Erde. Aber: Nicht verzagen, irgendwann klappt es. Bei gut eingespielten Gruppen kann das Experiment auch mit zwei oder sogar drei Bällen probiert werden. Allerdings wird hier auf das Zählen verzichtet. Ziel ist dann lediglich, dass die Bälle den Boden nicht berühren.

Material: Tennisball oder ein anderer leichtgewichtiger Ball

27. Torwand

Die Gruppe teilt sich in zwei Mannschaften auf. Beide Parteien setzen sich einander gegenüber, indem sie sich entlang zweier gegenüberliegender Wände des Raumes platzieren. Gruppe A erhält einen Tennisball.

Ein Spieler der Gruppe A muss nun versuchen, den Ball durch die Spieler der Gruppe B hindurchzurollen, so dass er die gegenüberliegende Wand berührt. Wenn dies gelingt, erhält Gruppe A einen Punkt. Wenn ein Spieler der Gruppe B den Ball abfängt, bevor er die Wand berühren kann, ist nun dieser Spieler an der Reihe. Jetzt darf er versuchen, durch eine Lücke der Gruppe A hindurch die ihm gegenüberliegende Wand zu treffen. Auch hier gibt es im Erfolgsfall einen Punkt.

Wichtig: Der Ball darf nur gerollt und nicht geworfen werden. Außerdem müssen alle Spieler ihre Sitzposition beibehalten, d.h. sie dürfen nicht aufstehen oder sich von ihrem eingenommenen Platz fortbewegen, um einen ankommenden Ball einzufangen. Sie dürfen lediglich in der eingenommenen Position Arme und Beine strecken, um den Ball zu erwischen.

Das Spiel ist beendet, wenn eine der beiden Gruppen eine vorher vereinbarte Punktzahl erreicht hat. Bei dieser Übung soll das Verteidigen des eigenen Bereiches trainiert werden, d.h. jeder Spieler hat darauf zu achten, dass die Wandfläche hinter ihm nicht vom Ball berührt wird.

Material: Tennisball

28.   Stuhl-Fußball

Stuhl-Fußball ist ebenfalls ein schönes Spiel, um die Verteidigung des eigenen Umfelds zu trainieren. Die Gruppe bildet zwei Mannschaften. Die Spieler beider Parteien sitzen sich auf Stuhlreihen einander gegenüber, und zwar in einem Abstand von etwa 3 Metern. Der Spielleiter rollt einen Ball in die Gasse zwischen den Stuhlreihen. Jeder Spieler versucht nun, mittels seiner Füße ein Tor zu erzielen. Als Tore zählen die Zwischenräume zwischen allen Stuhlbeinen der gegnerischen Mannschaft sowie die Abstände von Stuhl zu Stuhl einer Partei. Die Abstände sollten so groß sein, dass sich diejenigen, welche nebeneinander sitzen, bei seitlich ausgestreckten Beinen mit den Fußspitzen berühren können. Sobald ein Tor erzielt wurde, nimmt der Spielleiter den Ball wieder an sich und lässt ihn erneut durch die Gasse rollen. Die Mannschaft, die zuerst eine zuvor vereinbarte Zahl an Toren erzielt hat, wird zum Sieger gekürt.

Material: ein (Fuß-)Ball

29.   Der Schatz im Kreidekreis

Der Spielleiter zieht mit Kreide auf dem Boden einen großen Kreis von etwa 6 m Durchmesser. In diesen Kreis malt er noch einen kleinen von etwa 3 m Durchmesser. Der kleine Kreis ist die Burg, in deren Innern ein „Schatz" platziert wird, und zwar in Form einer Pyramide aus Konservendosen.

Am Rand dieses kleinen Kreises postieren sich vier Personen, die den Schatz nun bewachen. Sie dürfen jedoch das Innere des kleinen Kreises nicht betreten. Am Rand des großen Kreises stehen die restlichen Spieler, die „Angreifer". Auch sie dürfen ihre Kreislinie nicht nach innen überschreiten. Sie versuchen nun durch das Werfen kleiner Bälle, den „Schatz" zu treffen. Die Bewacher müssen natürlich versuchen, das ganze zu verhindern, indem sie die geworfenen Bälle möglichst abwehren. Der Angreifer mit den meisten

Treffern gewinnt. Danach können zumindest einige Angreifer und Bewacher die Rollen tauschen.

Material: Kreide, mehrere Konservendosen, mehrere kleine Bälle

30. Gruppenbildung mit Musik

Mit dieser Übung lässt sich das Reaktionsvermögen testen und trainieren. Die Teilnehmer bilden Paare und wandern zu einer beliebigen Musik zusammen durch den Raum. Zu einem bestimmten Zeitpunkt stellt der Seminarleiter die Musik aus und ruft eine Zahl in den Raum, z. B.: „Fünf!" Die einzelnen Paare müssen sich dann so schnell wie möglich zu Fünfergruppen zusammenfinden. Im Falle der ungeraden Zahl „Fünf" bedeutet das auch, das einige Paare sich zwangsläufig auflösen müssen. Es ist interessant zu beobachten: Welche Paare trennen sich sofort, welche „kleben" aneinander und warten darauf, dass andere die Initiative ergreifen und sich zu ihnen gesellen? Diejenigen Personen, die es nicht schaffen, sich zu einer Fünfergruppe zu formieren, scheiden aus. Die noch verbliebenen Spieler bilden neue Paare und gehen wieder von Musik begleitet durch den Raum, bis der Seminarleiter eine neue Zahl ausruft.

Material: Tonträger mit entsprechendem Abspielgerät

31. Gegensätze zeigen

Eine Person geht in die Mitte, während die anderen einen Stuhlkreis ringsherum aufbauen. Der Spieler in der Mitte geht nun auf eine bestimmte Person im Kreis zu. Dann deutet er auf seinen eigenen Mund und sagt: „Das ist mein Bauch!" Dann zählt er laut von eins bis zehn. Der angesprochene Spieler muss nun schnell einen Gegensatz bilden, indem er auf seinen eigenen Bauch deutet und behauptet: „Das ist mein Mund!" Schafft er das nicht, bis sein Gegenspieler bis zehn gezählt hat, darf sich der Spieler im Kreis hinsetzen. Der Verlierer muss nun selbst in die Mitte und versuchen, einen Stuhl zu bekommen. Dabei kann er den Schwierigkeitsgrad noch erhöhen, indem er sich an einen Spieler im Kreis wendet, auf sein linkes Auge deutet und behauptet: „Das ist mein rechter Fuß!" Logischerweise muss der Angespielte nun auf seinen linken Fuß zeigen und sagen: „Das ist mein rechtes Auge!" Auch das muss geschehen, bevor der Spieler in der Mitte bis zehn gezählt hat.

32. „Ja-Nein"-Spiel

Die Spieler bilden einen Kreis. Der Spielleiter wendet sich seinem **linken** Nachbarn zu und ruft ihm laut und deutlich ein „Ja" zu. Dieses „Ja" unterstreicht er noch durch eine Handbewegung, nämlich durch seine zwei offenen Handflächen, die er in Richtung des Nachbarn hält. Dieser angesprochene Nachbar hat nun zwei Möglichkeiten. Erstens: Er nimmt das „Ja" an und gibt es an seinen eigenen linken Nachbarn weiter, und zwar durch ein lautes „Ja" und durch die gleiche Handbewegung. Zweitens: Er lehnt das „Ja" ab, indem er seine Arme vor der Brust verschränkt und dem Spielleiter, welcher ihm das „Ja" angeboten hat, ein lautes „Nein" entgegenruft. In dem Fall muss der Spielleiter versuchen, sein „Ja" auf die gleiche Weise bei seinem **rechten** Nachbarn loszuwerden. Dieser kann es dann wiederum an seinen rechten Nachbarn weitergeben oder ebenfalls ablehnen. In dem Fall muss der Spielleiter sein Glück wieder beim **linken** Nachbarn probieren.

Tipp: Zunächst sollte dieses Spiel so verlaufen, dass jeder erst einmal zwei Runden lang das „Ja" (welches er von seinem Nachbarn zugespielt bekommt) annimmt und weitergibt. Danach kann auch das „Nein" ins Spiel gebracht werden, so dass die Spielrunde die Richtung wechselt. Wer zu lange zögert, ob er das „Ja" annehmen oder ablehnen soll, scheidet aus. Ebenso ausscheiden muss der, der bei dem Ausruf „Ja" oder „Nein" eine falsche (oder gar keine) Handbewegung macht.

Ziel des Spiels ist lediglich, dass die Spieler lernen, ihrem allerersten Impuls zu folgen. Das heißt, wenn dieser Impuls „Ja" ist, dann soll dies auch konsequent, klar und deutlich dargestellt werden. Dasselbe gilt für ein „Nein".

33. Sätze bilden mit Klatschen

Die Spieler setzen oder stellen sich im Kreis auf. Jeder von ihnen bekommt bestimmte Buchstaben zugewiesen, welche er sich unbedingt merken muss. Dabei werden in diesem vereinfachten Beispiel X und Y ausgeklammert. Beispiel für vier Spieler:

Spieler 1 erhält die Buchstaben   A, E, I, M, Q, U
Spieler 2   B, F, J, N, R, V
Spieler 3   C, G, K, O, S, W
Spieler 4   D, H, L, P, T, Z

Die Spieler müssen nun ein vorgegebenes Wort „nachklatschen", je nachdem, wem nun welcher Buchstabe zugeordnet ist.
Beispiel: Der Seminarleiter gibt das Wort „Scheibe" vor.
Dann müssen **nacheinander** klatschen:

Spieler 3   S
Spieler 3   C
Spieler 4   H
Spieler 1   E
Spieler 1   I
Spieler 2   B
Spieler 1   E

Gar nicht so schwer? Dann kann der nächste Versuch starten, dieses Mal werden ganze Sätze geklatscht, z.B. „Heute morgen hat es in Hamburg geregnet". In diesem Fall muss noch festgelegt werden, wer den jeweiligen „Leertakt" zwischen dem Ende des einen und dem Beginn des anderen Wortes klatscht. Umlaute wie Ä, Ö oder Ü können durch A-E usw. klatschend dargestellt werden.
Dieses Spiel ist eine gute Möglichkeit, die geistige Konzentration innerhalb der Gruppe zu ermitteln und zu verbessern.

34. Gemeinsames Zählen von 1 – 20

Die Teilnehmer verteilen sich beliebig im Raum. Sie müssen noch nicht einmal unmittelbaren Sichtkontakt zueinander haben. Dann wird versucht, von eins bis zwanzig zu zählen, indem der Spielleiter laut „Eins" ruft und abwartet. Nach einer gewissen Pause ruft ein beliebiger Spieler „Zwei". Danach ruft ein anderer „Drei", und so geht es weiter, bis die Zahl 20 erreicht ist.
Das Komplizierte dabei: Natürlich werden manchmal mehrere Spieler gleichzeitig den Impuls haben, eine Zahl zu rufen, und genau darin besteht die Kunst des Spiels. Die einzelnen Gruppenmitglieder müssen versuchen, ihre Sensoren soweit auszurichten, dass sie nur dann die Zahl (welche gerade an de Reihe ist) laut in den Raum rufen, wenn sie sicher sind, dass momentan kein anderes Mitglied der Gruppe im Begriff ist, dasselbe zu tun. Sollten zwei oder noch mehr Spieler gleichzeitig die Zahl nennen, beginnt das Spiel wieder von vorn. Das heißt, der Spielleiter gibt wieder laut eine „Eins" vor, und es wird weiter gezählt.
Auch hier gilt: Eile mit Weile, denn dieses Spiel gelingt erfahrungsgemäß erst nach mehreren Anläufen.

35. Nicht Ja und nicht Nein

Die Teilnehmer bekommen je fünf Spielkarten (oder andere gleichartige Gegenstände) ausgehändigt. Jeder sucht sich nun willkürlich aus der Runde einen Partner, und die so gebildeten Paare verwickeln sich gegenseitig in ein Gespräch. Dabei versucht jeder von beiden, den anderen dazu zu bewegen, die Worte „Ja" oder „Nein" zu sagen, zum Beispiel durch geschickte Fangfragen wie: „Gibst du mir deine Karte?" oder „Sollen wir aufhören?". Wenn ein Spieler tatsächlich aus Versehen „Ja" oder „Nein" sagt, muss er eine Karte an sein Gegenüber abgeben und sich einen neuen Gesprächskollegen suchen, ebenso wie sein ehemaliger Spielpartner. Auf diese Weise entstehen immer wieder neue Konstellationen. Sieger ist derjenige, der nach einer vorher vereinbarten Zeit die meisten Karten im Besitz hat.

Material: eine große Anzahl Spielkarten oder anderer
               gleichartiger Gegenstände

36. Hauptwörter im Rhythmus

Alle stellen sich im Kreis auf. Der Spielleiter macht eine Bewegung vor, die aus drei Teilen besteht. Er stampft mit dem Fuß auf, schlägt mit der Hand auf den Oberschenkel und schnalzt mit Daumen und Mittelfinger. Diese Übung machen zunächst alle gemeinsam im gleichen Rhythmus einige Male.
Dann kommt eine neue Runde: Alle stampfen wie gehabt mit dem Fuß auf und schlagen mit der Hand auf den Oberschenkel. Beim Schnalzen jedoch sagt der Seminarleiter einen bestimmten Buchstaben, z. B. ein „R". Beim nächsten Schnalzen muss sein linker Nachbar ein Hauptwort nennen, das mit eben diesem Buchstaben beginnt („Rosine") und beim nächsten Schnalzen einen neuen Buchstaben nennen, z. B. „G". Beim nächsten Schnalzen muss dessen linker Nachbar ein passendes Hauptwort rufen („Garten"). So geht das Spiel von einem zum anderen durch die gesamte Runde. Wer sich nicht rechtzeitig für einen neuen Buchstaben oder ein passendes Hauptwort entscheiden kann, verlässt die Runde.

37. Was ist das?

Alle Teilnehmer sitzen im Stuhlkreis. Der Spielleiter reicht seinem rechten und linken Sitznachbarn jeweils eine Spielkarte (z.B. König und Dame). Zum rechten Nachbarn sagt er dabei: „Das ist ein Auto!" und zum linken Nachbarn: „Das ist eine Banane!" Beide Nachbarn fragen nun den Spielleiter: „Was ist das?" Der Spielleiter antwortet nach rechts: „Ein Auto!" und nach links: „Eine Banane!" Der rechte und der linke Nachbar geben die Gegenstände wiederum an ihre jeweiligen Nachbarn weiter mit den Worten: „Das ist ein Auto!" bzw. „Das ist eine Banane!" Diejenigen, welche die Karten nun bekommen, fragen zurück: „Was ist das?"
Die Antwort darf ab jetzt jedoch nicht mehr unmittelbar erfolgen, sondern die Frage muss durch die einzelnen Spieler immer bis zum Spielleiter zurückgehen. Auch dessen Antworten nach rechts („Ein Auto!") und nach links („Eine Banane") muss wieder durch die Reihen wandern bis zu der Person, die zuletzt gefragt hat: „Was ist das?". Danach werden die Karten weiter durch die Runde gereicht, wobei sie sich kreuzen. An dieser Stelle ist besondere Konzentration gefordert. Letztlich muss am Ende der Spielleiter beide Karten wieder in den Händen halten.

Material: zwei verschiedene Spielkarten

38. Kontaktaufnahme mit Raum und Personen

Diese Übung gliedert sich in drei Abschnitte. Während der ersten Phase laufen alle Mitspieler durch den Raum. In Zeitabständen von wenigen Sekunden springen sie in der Nähe der Wand in die Höhe, klatschen dabei eine Handfläche gegen die Wand und rufen laut „Ha!". Wenn dies einige Male erfolgte, ist der zweite Abschnitt an der Reihe. In dieser Phase nehmen die Mitspieler während des Gehens durch den Raum mittels einer flüchtigen Berührung (z.B. durch das Antippen der Schulter eines anderen per Zeigefinger) einen kurzen Körperkontakt zu einer anderen Person im Raum auf und rufen dabei ebenfalls laut „Ha!", als ob sie ihren Mitstreiter erschrecken wollten. Nach wenigen Minuten folgt eine neue Variante: An dieser Stelle spricht jeder Teilnehmer den Spielpartner an, der ihm beim Gehen durch den Raum gerade über den Weg läuft. Er verwickelt diesen Spielpartner in ein kurzes Gespräch (z.B. „Hallo, wie geht's?" „Schöner Tag heute!", usw.), um sich dann nach maximal drei Sätzen mit den Worten „Tut mir leid, ich muss weiter!" zu verabschieden und weiter durch den Raum zu gehen.

Vertrauens- und Wahrnehmungsübungen

Die Vertrauens- und Wahrnehmungsübungen sollen das Gefühl der einzelnen Teilnehmer für sich selbst und ihre räumliche Umgebung, vor allem aber für ihre Mitspieler fördern. Das schwierige „Sich-aufeinander-Einlassen" soll erleichtert werden. Viele dieser Übungen lassen sich am besten zu zweit durchführen. Wie schon anfangs erwähnt, ist es von Vorteil, wenn sich überwiegend die Personen zusammenfinden, die bislang noch keine engere Beziehung zueinander hatten. In jedem Fall gilt es, über das gemeinsame Spiel einen „Draht" zueinander zu finden, wenn vielleicht auch nur für die Dauer der Spieletreffens, der Proben oder des Seminars.

39. Ordnen nach Kategorien

Vier oder fünf Stühle werden nebeneinander aufgebaut. Auf jeden Stuhl stellt sich eine Person. Dann erteilt der Spielleiter die Aufgabe, sich nach bestimmten Kategorien zu ordnen, z.B.: „Die Person mit der größten Schuhgröße nach ganz links, die mit der kleinsten nach ganz rechts." Die Teilnehmer müssen nun versuchen, die Stuhlpositionen so zu wechseln, dass diese Auflage erfüllt wird und sie am Ende tatsächlich nach Schuhgrößen geordnet auf den Stühlen stehen. Das besondere daran: Sie müssen diese Aufgabe bewältigen, ohne ein Wort zu sprechen und ohne die Stühle zu verlassen, das heißt, der Boden darf während dieser Aktion nicht berührt werden.

Diese Übung lässt sich in verschiedenen Varianten durchführen, z.B. Ordnen nach der hellsten bzw. dunkelsten Augenfarbe, nach Haarfarbe, nach Körpergröße, nach Gewicht usw.

40. Ausfüllen des Raumes

Die Personen verteilen sich, indem sie kreuz und quer durch den Raum laufen. Dabei ist darauf zu achten, dass innerhalb des Raumes keine großen Lücken klaffen. Das heißt: Sobald ein Spieler sieht, dass eine größere Fläche des Raumes ungenutzt ist, also nicht von anderen Spielern besetzt, geht er zu diesem Platz. Von dort aus hält er Ausschau nach dem nächsten freien Platz im Raum und begibt sich dorthin. Da dies alle Spieler gleichzeitig versuchen, entstehen immer wieder neue Lücken, die es zu füllen gilt. Die Übung lässt sich besser veranschaulichen, wenn der Spielleiter vor Beginn des Spiels den gesamten Boden des Raumes zu einer großen Scheibe erklärt. Damit diese imaginäre Scheibe nun nicht in eine bestimmte Richtung kippt, ist es die Aufgabe der Spieler, sich entsprechend geschickt darauf zu verteilen. Es darf an keiner Stelle eine Über- oder Unterbelastung entstehen.

41. Stuhl – Hut – Zigarette

Die Gruppe setzt sich auf Stühlen im Kreis zusammen. Der Spielleiter sitzt ebenfalls auf einem Stuhl. Zum Einstieg ins Spiel legt er seine linke Hand auf den Kopf. Das signalisiert, dass er einen Hut trägt. Dann presst er Zeige- und Mittelfinger seiner rechten Hand auf seinen Mund, was bedeutet, dass er gerade eine Zigarette raucht. Zusammenfassend also: Der Spielleiter **sitzt,** hat **einen Hut auf** und **raucht.** Aufgabe der Gruppe ist es nun, genau das **Gegenteil** von dem darzustellen, was der Spielleiter gerade macht. Das heißt, im beschriebenen Fall müssen sämtliche anderen Gruppenmitglieder **stehen** und ihre Hände am Körper baumeln lassen, das heißt, sie **tragen** momentan **keinen Hut** und **rauchen nicht.** Nun kann der Spielleiter das Reaktionsvermögen der Gruppe nach Belieben auf die Probe stellen, z.B. indem er sich vom Stuhl erhebt und dabei auch seine Hand vom Kopf nimmt. In diesem Moment heißt es für die anderen: Hinsetzen und linke Hand auf den Kopf legen. Dann setzt sich der Spielleiter, legt seine linke Hand wieder auf den Kopf und nimmt die zwei Finger seiner rechten Hand vom Mund weg. Nun heißt es für den Rest: Aufstehen, linke Hand auf den Kopf legen (**Hut tragen**) und die zwei Finger der rechten Hand auf den Mund pressen (**Zigarette rauchen**). Dieses Spiel lässt sich nach Lust und Laune fortsetzen. Der Spielleiter kann von Wechsel zu Wechsel eine, zwei oder alle drei Positionen (Stuhl-Hut-Zigarette) ändern.

42. Schere – Stein – Papier

Das Spiel ist den meisten sicherlich noch aus Kindertagen bekannt. Die Symbole Schere, Stein und Papier werden hier einfach mit der Hand dargestellt. Die beiden voneinander gespreizten Zeige- und

Mittelfinger stehen für die Schere, eine geballte Faust ist gleichzusetzen mit dem Stein, und das Papier wird durch eine ausgestreckte Hand dargestellt. Entgegen der üblichen Weise dieses Spiels kommt es bei dieser Variante nicht darauf an, gegeneinander zu spielen, sondern innerhalb der Gruppe ein gemeinsames Symbol zu finden. Das heißt, die Gruppe verteilt sich willkürlich im Raum. Dann ballen alle ihre Hände zu Fäusten und werfen diese dreimal in die Mitte des Raumes. Dabei ruft die Gruppe laut „Schnick-schnack-schnuck". Nach „Schnuck" muss ein jeder seine Hand zu einem der drei genannten Symbole formen. Dass alle sich dabei auf Anhieb für das gleiche Symbol entscheiden, ist sehr unwahrscheinlich. Aber jeder einzelne kann jetzt kurz seine Blicke im Raum umherschweifen lassen, um festzustellen, welches Symbol wohl von den meisten Spielern bevorzugt wurde. Dann werden die Hände wieder zu Fäusten geformt und erneut „Schnick-Schnack-Schnuck" gerufen. Wie sieht es beim zweiten Mal aus? Ist innerhalb der Gruppe schon die Tendenz zu einem bestimmten Symbol erkennbar? Bei guter Wahrnehmung gelingt es manchmal schon nach drei oder vier Durchläufen, dass sich alle Spieler für das gleiche Symbol entscheiden.

Wichtig: Es darf während des Spieles kein verbaler Austausch stattfinden. Die Einigung auf ein Symbol muss ohne Worte erfolgen!

43. Hahn – Löwe – Frosch

Der Spielleiter fordert alle Mitglieder der Gruppe auf, eines der folgenden Tiere darzustellen: einen Hahn, einen Löwen oder einen Frosch. Der Spielleiter zählt bis drei, dann verwandelt sich jeder der Anwesenden spontan in eines der genannten Tiere. Die einen flattern wild aufgescheucht wie ein Hahn durch die Gegend, die anderen gehen mit stolzgeschwellter Brust und geschmeidigem, kraftvollen Gang als Löwe durch den Raum, und die Frösche hüpfen den anderen vor der Nase her. Dabei beobachtet jeder, was die anderen Mitspieler darstellen. Sobald der Spielleiter „Stop" ruft, verharren alle. Nach kurzer Zeit wird eine neue Runde eröffnet, und jeder verkörpert wieder eines der drei Tiere. Wie beim vorherigen Spiel sollte die Gruppe nun versuchen, sich möglichst schnell und ohne Worte auf ein bestimmtes Tier zu einigen, so dass bald alle gemeinsam entweder als Hahn, als Löwe oder als Frosch durch den Raum wandern.

44. Holzauge, sei wachsam!

Man bildet zwei Mannschaften und stellt sie in einem Abstand von etwa 2 Metern so auf, dass jeder Spieler ein Gegenüber hat. Innerhalb einer Minute muss sich nun jeder Teilnehmer das Äußere seines Gegenübers so gut wie möglich einprägen. Auf Kommando des Seminarleiters drehen sich alle um. Sie bleiben – Rücken an Rücken gewandt – etwa zwei Minuten in dieser Position stehen. Während dieser Zeit müssen sie drei sichtbare Veränderungen an ihrer Vorderansicht vornehmen. In den einzelnen Mannschaften dürfen untereinander auch Gegenstände ausgetauscht werden, z.B. Brillen, Kopfbedeckungen, Uhren, Ringe etc. Nach zwei Minuten drehen sich alle wieder um. Nun muss jeder feststellen, was sich an seinem unmittelbaren Gegenüber verändert hat. Alle Spieler zählen nun die Veränderungen, die ihnen auffallen, der Reihe nach auf.

45. Fingerhut

Der Spielleiter erklärt den Anwesenden, dass sie einen im Raum versteckten Fingerhut suchen sollen. Alle Spieler nehmen die Suche auf, währenddessen steckt sich der Spielleiter unbemerkt einen Fingerhut an den Finger. Derjenige, der den Fingerhut entdeckt, darf dies nicht laut mitteilen, sondern setzt sich auf einen Stuhl. Das Spiel ist erst dann beendet, wenn alle Spieler den Fingerhut gesehen haben und somit auf ihren Stühlen sitzen.

Material: ein Fingerhut

46. Gemeinsamer Laufrhythmus

Alle Teilnehmer laufen kreuz und quer durch den Raum. Im Laufe der Zeit versucht nun die gesamte Gruppe ohne Worte in einen gemeinsamen Laufrhythmus zu kommen und diesen für mehrere Minuten beizubehalten.

47. Blindes Tasten

Die einzelnen Personen verteilen sich im Raum und schließen die Augen. Der Spielleiter spielt eine Musik ab, zu der die Teilnehmer mit ausgestreckten Händen durch den Raum gehen. Wenn die eigene Hand eine andere trifft, so erfolgt zwischen beiden ein herzlicher Händedruck, und dann geht es weiter. Wenn der Leiter die Musik abstellt, verweilt jeder bei dem Partner, dessen Hand er gerade drückt. Sollte jemand beim Ausklingen der Musik noch keinen Partner haben, sucht er sich schnell einen. Nun ertasten die beiden Spielpartner gegenseitig ihre Gesichter. Dabei kommt es nicht nur darauf an, herauszufinden, wen man vor sich hat. Wichtig ist auch, sich die Zeit zu nehmen, das Gesicht des anderen mit den Händen intensiv zu erforschen und auf diese Art vielleicht Sachen darin zu entdecken, die einem vorher mit bloßem Auge gar nicht aufgefallen sind. Anschließend öffnen auf ein Zeichen des Spielleiters alle ihre Augen und mustern ihr Gegenüber noch einmal mit den Augen.

Material: Tonträger mit Abspielgerät

48. Wollknäuel

Die Gruppe stellt sich im Kreis auf und fasst einander an den Händen. Der Spielleiter spielt nun per Tonträger eine Musik ab. In dieser Zeit gerät die Gruppe in Bewegung: Die Personen steigen nun übereinander oder krabbeln sich durch die Beine und bilden auf diese Art ein regelrechtes „Wollknäuel". Wenn der Leiter der Meinung ist, dass die „Verwirrung" groß genug ist, stellt er die Musik aus. Nun verharren die anderen einen Moment, anschließend versuchen sie ohne Worte, das Knäuel wieder aufzulösen.

Material: Tonträger mit Abspielgerät

49. Rücken an Rücken

Jeweils zwei Spieler von etwa gleicher Körpergröße und gleichem Gewicht setzen sich Rücken an Rücken auf den Boden, winkeln ihre Beine an und haken sich rechts und links mit ihren Ellenbogen ein. Nun versuchen beide ohne Worte einen Impuls zu finden, um gemeinsam aufzustehen. Dieses Vorhaben ist dann geglückt, wenn beide, immer ineinander verhakt, aufrecht stehen. Diese Übung lässt sich auch mit mehreren Leuten (z.B. in Vierer- oder sogar Achtergruppen) durchführen, sie wird dann nur entsprechend schwieriger. Ein besonders tolles Gefühl ist es wenn gegen Ende eines Seminars oder einer Probe vielleicht einmal die gesamte Gruppe diese Übung miteinander ausführt.

Sollte tatsächlich mit allen Leuten ein gemeinsamer Impuls gefunden werden, um sich aufzurichten, wäre das auch ein Beweis dafür, dass die Gruppe innerhalb der gemeinsam verbrachten Zeit gut zueinander gefunden hat.

50. Gegenstände beschreiben

Der Spielleiter breitet auf dem Boden eine Menge beliebiger (möglichst handgroßer) Gegenstände aus. Nun können verschiedene (oder alle) Mitspieler sich daraus einen Gegenstand aussuchen. Dann geht der erste Mitspieler in die Mitte und beginnt, vor den anderen seinen ausgewählten Gegenstand so genau wie möglich zu beschreiben. Dabei sollte er möglichst alle fünf Sinne einsetzen und nicht nur beschreiben, wie den Gegenstand sieht. Er kann daran horchen, ob er vielleicht ein Geräusch ortet, daran riechen, ihn genau mit den Fingern abtasten und der Gruppe dabei beschreiben, wie sich dieses „Ding" anfühlt. Eventuell kann er sogar hineinbeißen und schmecken. Ganz wichtig ist dabei, dass jeder seinen Gegenstand nur sachlich beschreibt. Wenn es etwa um ein altes Etui geht, kann durchaus gesagt werden: „Es fühlt sich abgegriffen an.", „Es riecht nach Leder.", usw. Tabu sind gefühlsmäßige Äußerungen wie „Es sieht hässlich aus!", usw.

Material: Gegenstände beliebiger Art, möglichst nicht zu groß

51. Ich sehe und höre ...

Die Gruppe formiert sich zu Paaren, und während alle nun gemeinsam durch den Raum schlendern, beschreibt zunächst A seinem Partner B, was er im Raum wahrnimmt. Dabei kann es sich um akustische Signale handeln (Geräusche von draußen, Stimmen im Raum) als auch um visuelle Wahrnehmungen (Gegenstände und Personen im Raum). Im Gegensatz zum vorherigen Spiel darf A sich hier durchaus wertend über einiges äußern (z. B. „Der Raum ist zu voll!", „Es ist zu laut!", usw). A kann auch Parallelen ziehen (z. B. „Der grüne Teppich erinnert mich an eine Sommerwiese!") B hört aufmerksam und schweigend zu. Nach fünf Minuten übernimmt A die Rolle des Zuhörers, und B erzählt, während beide durch den Raum gehen.

52. „Komm"-Spiel

Jeweils zwei Personen stellen sich in einem Abstand von mindestens fünf Metern einander gegenüber. Der erste Spieler versucht nun, seinen Partner dazu zu bewegen, zu ihm zu kommen. Dabei darf er einzig und allein das Wort „Komm" verwenden. Er kann es auf alle möglichen Arten versuchen: fordernd, zurückhaltend, bittend usw. Spieler B hingegen darf sich nur dann auf Spieler A zubewegen, wenn ihn dessen „Komm" wirklich überzeugt, das heißt, wenn er den Eindruck hat, dass Spieler A dieses „Komm" auch wirklich ehrlich meint. Wie weit sich B dann an A heranwagt, d.h. ob nur ein paar Schritte oder ob er direkt zu A geht, bleibt ihm selbst überlassen. A hat sein Ziel erst dann erreicht, wenn B unmittelbar vor ihm steht.

53. „Gib mir das!"

Die Spieler bilden Paare. A versucht auf alle möglichen Arten, seinem Mitspieler B etwas abzuschwatzen, was dieser gerade im

Besitz hat, z. B. die Armbanduhr von B oder dessen Halskette, seinen linken Schuh, seine Brille oder einen Gegenstand, den B vorher
an sich genommen hat. A kann dabei seine Versuche in beliebigen
Varianten unternehmen, z. B. fordernd, zurückhaltend, liebenswür-
dig, aufbrausend, bettelnd, flehend, wütend usw. Wenn A letztlich
das Gefühl hat, dass B sich nicht überreden lässt, das Gewünschte
herzugeben, erfolgt ein Rollentausch; gewechselt wird auch, wenn
B sich dazu überreden lässt, das Geforderte an A zu übergeben.
Anschließend wird reflektiert: An welchem Punkt gab der eine
Spieler auf bzw. der andere nach?

Material: beliebige Gegenstände

54. „Nimm das"

Diese Übung stellt den absoluten Gegensatz zum vorangegangenen Spiel dar. Hierbei bilden sich wieder Paare, und nun versucht A, seinen Mitspieler B dazu zu bewegen, einen Gegenstand an sich zu nehmen. Dabei kann es sich z.B. um Schmuck oder ein Kleidungsstück (Mütze, Schuh, Halstuch) von A handeln. Wenn A glaubt, dass B sich nicht dazu bewegen lässt, den gewünschten Gegenstand anzunehmen, erfolgt Rollentausch. Das gleiche gilt, wenn B nachgibt und von A den Gegenstand annimmt. Anschließend wird reflektiert: An welchem Punkt gab der eine Spieler auf bzw. der andere nach?

Material: beliebige Gegenstände

55. „Das ist ein Apfel"

Nach Bildung von Paaren greift sich Spieler A einen beliebigen Gegenstand aus dem Raum (z.B. einen Kuli). Nun versucht er Spieler B einzureden, dies sei ein ganz anderer Gegenstand als der, der zu sehen ist. Dabei deutet A zum Beispiel auf den Kuli, blickt B fest in die Augen und sagt beharrlich: „Das ist ein Apfel!"
B versucht nun, sich von A zurückzuziehen. Die Aufgabe von A ist es, an seinem Partner „dranzubleiben" und ihm ein ums andere Mal den Kuli als „Apfel" zu verkaufen.
Nach einer vorher vereinbarten Zeit tauschen die beiden Spieler ihre Rollen. Anschließend können beide ihre Eindrücke schildern: War einer irgendwann (zumindest ansatzweise) an einem Punkt, wo er sich von seinem Partner den realen Gegenstand als etwas ganz anderes hätte verkaufen lassen?

Material: beliebige Gegenstände

56. Energie fließen lassen

Die Teilnehmer setzen sich im Kreis auf den Boden und reichen ihren jeweiligen Nachbarn die Hände. Der Spielleiter beginnt nun, die imaginäre Energie durch die Gruppe fließen zu lassen. Das heißt, er stellt sich vor, wie ein Energiestrom durch seinen Körper wandert. Dieser Strom entsteht in seiner rechten Hand und wandert den Arm hinauf, durch die rechte Schulter, den Kopf und die linke Schulter. Dann fließt die Energie seinen linken Arm hinunter, in die linke Hand. Wenn sie dort angekommen ist, signalisiert dies der Spielleiter, indem er mit der linken Hand sanft die darin befindliche rechte Hand seines linken Nachbar drückt. Nun kann sein Nachbar die Energie auf die gleiche Weise durch seinen Körper wandern lassen, um sie dann ebenfalls durch sanften Händedruck an seinen linken Nachbar weiterzuleiten. Wichtig ist, dass während dieser Übung kein Wort gesprochen wird. Außerdem sollten alle die Augen schließen, um sich noch besser darauf konzentrieren zu können, wann die Energie jeweils ankommt, wie sie durch den eigenen Körper fließt und dann achtsam weitergereicht wird.

Wenn die Gruppe mit der Übung schon etwas vertrauter ist, kann ein einzelner Spieler die Energie auch mal zurückfließen lassen, indem er sie, nachdem sie seinen Körper durchlaufen hat, nicht an seinen linken Nachbarn weitergibt, sondern wieder durch den eigenen Körper zurückfließen lässt und sie wieder an seinen rechten Nachbarn gibt, von dem er sie vorher erhalten hat.

57. Töne fließen lassen

Die Gruppe setzt sich wie im vorherigen Spiel im Kreis zusammen. Die Teilnehmer schließen ihre Augen und reichen sich die Hände. Nun beginnt der Spielleiter, einen bestimmten Ton vorzusummen. Wenn er der Meinung ist, dass die Gruppe den Ton genügend wahrgenommen hat, reicht er den Ton durch sanften Händedruck an seinen linken Nachbarn weiter. In diesem Moment verstummt der Spielleiter, und sein Nachbar greift den Ton auf und summt ihn vor

sich hin, um ihn dann auf die gleiche Weise an seinen linken Nachbarn weiterzugeben. Auch bei diesem Spiel kann man den Ton nach
einiger Übung rückwärts fließen lassen.

58. Im Gleichtakt atmen

Ein freiwilliger Teilnehmer stellt sich – mit dem Rücken zum Rest
der Gruppe gewandt – in den Raum und beginnt ganz bewusst ein-
und auszuatmen. Nach einer gewissen Zeit stellt sich ein zweiter
Teilnehmer direkt hinter ihn und lehnt sich mit seiner Brust an den
Rücken des ersten Spielers. Nun versuchen beide, im gleichen Takt
ein- und auszuatmen. Wiederum einige Momente später gesellt
sich ein dritter Spieler dazu und lehnt sich mit seiner Brust an den
Rücken des zweiten. Nun versuchen alle drei, ihren Atem „in Ein-
klang zu bringen". Im Laufe der Zeit können noch beliebig viele
andere Personen dazukommen. Ein schöner Erfolg ist es, wenn am
Ende vielleicht sogar die ganze Gruppe aneinander gelehnt im
Gleichtakt atmet.

59. Parallele Handlung

Zwei Freiwillige begeben sich in die Mitte des Raumes. Dann
erhalten sie vom Spielleiter die Aufgabe, eine alltäglich Handlung
zu vollziehen, z.B. das Bestellen eines Menüs im Restaurant. A und
B setzen sich nun an einen Tisch, und der Spielleiter (oder ein anderer aus der Runde) mimt den Ober und fragt, was die Herrschaften
speisen möchten. A und B haben nun die schwierige Aufgabe, ihr
Essen zu bestellen – und zwar völlig synchron! Sie sprechen
gemeinsam (z.B. „Ich möchte gerne den Nudelauflauf"), sie blät-
tern synchron in der Speisekarte und klappen diese gleichzeitig zu.
Ab welchem Punkt schaffen es die beiden, sich mit ihren Handlungen exakt aufeinander abzustimmen?

Material: ggf. Requisiten

60. Wer redet hier Chinesisch?

Ein Freiwilliger verlässt den Raum. Die restlichen Spieler bilden insgesamt vier gleichstarke Gruppen und überlegen ein Wort, dass mindestens vier Silben enthält, z. B. „Raumausstatter". Gruppe eins bekommt die Silbe „Raum" zugeteilt, Gruppe zwei die Silbe „aus", Gruppe drei erhält „stat" und Gruppe vier die Silbe „ter". Dann gehen alle durch den Raum, und jeder Spieler ruft dabei laut die ihm zugeordnete Silbe. Dann holt der Spielleiter den Spieler vor der Tür wieder herein. Dieser Spieler muss nun das Sprachgewirr auflösen und durch genaues Zuhören herausbekommen, welches Wort die Gruppe – nach Silben aufgesplittet – in seiner Abwesenheit einstudiert hat.

Eine kleine Abweichung: Wenn die Silben auf die einzelnen Gruppen verteilt sind, herrscht im Raum zunächst Stillschweigen. Der hinausgeschickte Spieler wird hereingeholt. Dann rufen alle gleichzeitig ihre Silbe dreimal. Es ist anzunehmen, dass der Spieler, der die Aufgabe lösen muss, noch nicht auf das Wort kommt. In dem Fall lässt der Spielleiter die Gruppe das Wort immer wieder rufen, wobei sich Lautstärke und Tempo verändern können oder die Silben auf eine bekannte Melodie gesungen werden.

61. Zahlen-Rhythmus

Die Gruppe bildet einen Stuhlkreis. Der Spielleiter macht eine dreiteilige Bewegung vor, die wir schon aus der Übung im vorherigen Kapitel kennen („Hauptwörter im Rhythmus", Seite 39). Er stampft mit dem Fuß auf, schlägt sich mit der Hand auf den Oberschenkel und schnippt anschließend mit Daumen und Mittelfinger. Zunächst wird diese Übung von der gesamten Gruppe gemeinsam durchgeführt. Dann wird reihum abgezählt. Die Nummer, die die einzelnen Spieler dabei erhalten, ist nicht an ihre Person, sondern an ihren Stuhl gebunden. Nun stampfen alle wieder auf, und während sie sich auf die Oberschenkel schlagen, ruft der Spielleiter laut die Zahl seines Stuhls (im Normalfall die „Eins"). Beim gemeinsamen

Schnalzen sagt er eine andere Zahl, z. B. „Sechs". Das ist das Signal
für den Spieler auf Stuhl sechs: Er muss nun beim nächsten Ober-
schenkelklatschen seine eigene Nummer nennen (also sechs) und
beim Schnippen die Nummer eines anderen Mitstreiters, z. B. acht.
Jetzt heißt es aufgepasst für den Spieler auf Stuhl acht. Er muss nun
in der nächsten Runde beim Oberschenkelschlagen seine eigene
Nummer nennen und beim Schnippen die eines anderen.
Wer falsch oder nicht im richtigen Rhythmus reagiert, kommt auf
den Platz des Spielleiters. Alle rücken bis zu dessen Platz nach und
erhalten nun die Nummer ihres neuen Stuhls. Die neue Nummer
Eins beginnt wieder mit Stampfen, Klatschen und Schnalzen.

62. Mörderisches Zwinkern

Alle Teilnehmer setzen sich gut verteilt im Raum auf den Boden, so
dass sie einander ansehen können. Der Spielleiter händigt jedem
Teilnehmer eine Spielkarte aus, die jeder für sich nun verdeckt
betrachtet. Wer den „Joker" zieht, ist der Mörder. Nun beginnt das
Spiel. Der Mörder lässt möglichst unauffällig seine Augen durch
den Raum wandern. Sobald sich sein Blick mit dem eines anderen
Spielers trifft, zwinkert der Mörder seinem Opfer zu. Die Person,
die der Mörder angezwinkert hat, ist nun „tot". Dies offenbart sie,
indem sie ihre Karte vor sich auf die Erde legt und laut ruft: „Ich bin
raus!" Doch der Mörder muss aufpassen, denn natürlich wollen ihn
die anderen Spieler entlarven. Wer glaubt, den Mörder dabei zu
beobachten, wie er einer anderen Person zuzwinkert, ruft sofort:
„Ich habe einen Verdacht!" Nun muss er den Namen des Spielers
nennen, den er für den Mörder hält. Ist seine Vermutung richtig,
beginnt eine neue Runde. Wenn der Verdächtige bestreitet, der
Mörder zu sein, muss derjenige, der den falschen Verdacht geäußert
hat, seine Karte vor sich auf den Boden legen, denn er scheidet nun
ebenfalls aus.

Material: verschiedene Spielkarten inkl. Joker

63. Vampir-Spiel

Zu Beginn werden etwa sechs Spieler bestimmt, die sich an verschiedenen Ecken des Raumes platzieren. Ihre Aufgabe ist es,
darauf zu achten, dass die übrigen Teilnehmer während des folgenden Spiels nicht vor eine Wand oder Gegenstände stoßen, die sich
im Raum befinden (Stühle, Tische etc.) Die anderen Personen
schließen die Augen und gehen im Raum umher, nur einer von
ihnen hat die Augen geöffnet. Er ist der Vampir und sucht sich nun
seine Opfer aus. Diesen saugt er das Blut aus, indem er seine Hand
an ihren Nacken legt. Sobald dies passiert ist, muss das Opfer einmal laut aufschreien und aus dem Spiel ausscheiden. Die Personen,
welche mit geschlossenen Augen durch den Raum gehen, müssen
versuchen, genau zu spüren, wo sich der Vampir gerade befindet.
Wenn z.B. dicht neben ihnen der Schrei eines Opfers ertönt, kann
der Unhold nicht weit sein. Derjenige, der als letzter übrigbleibt, ist
dann der neue Vampir. Allerdings sollten auch diejenigen Gelegen-
heit haben mitzuspielen, die als Wachen aufgestellt wurden.

64. Dieb und Wächter

Die Spieler setzen sich im Kreis nieder, in dessen Mitte sich ein
Schatz in Form eines beliebigen Gegenstandes befindet. Ein Freiwilliger meldet sich als „Dieb" und verlässt den Raum. Ein weite-
rer, noch im Kreis sitzender Spieler wird der „Wächter". Der Dieb
wird hereingerufen und versucht nun, den Kreis an einer beliebigen
Stelle zu durchschreiten, um den Schatz in der Mitte an sich zu nehmen und den Kreis auf dem gleichen Weg – also durch den selbst-
gewählten Eingang – wieder zu verlassen. Der Wächter versucht,
den Dieb noch innerhalb des Kreises abzuschlagen. Allerdings darf
er erst dann aktiv werden, wenn der Dieb den Schatz mit der Hand
berührt. Wenn der Dieb mit seiner Beute aus dem Kreis unbescha-
det flüchten kann, wird der Wächter zum Dieb erklärt und geht
hinaus. Dann wird innerhalb des Kreises ein neuer Wächter
gewählt, und das Spiel beginnt von vorn.

Der besondere Reiz liegt darin, den Wächter durch geschickte Täuschungsmanöver aus der Reserve zu locken, so dass er sich durch ruckartige Bewegungen eventuell schon verrät, bevor der Dieb den Schatz berührt hat.

Hinweis: Der Kreis muss so aufgebaut sein, dass der Dieb von allen Seiten freien Zugang hat.

Material: ein beliebiger Gegenstand

65. Hund und Knochen

Auch in diesem Spiel sitzen alle auf dem Boden im Kreis. Ein Spieler sitzt mit verbundenen Augen in der Mitte, er ist der „Hund" und bewacht mit gespitzten Ohren einen Stock, der vor ihm auf den Boden liegt (der „Knochen"). Der Spielleiter gibt einem Spieler aus dem Kreis ein stummes Zeichen, worauf dieser versucht, sich dem Hund zu nähern, den Knochen zu stehlen und unentdeckt wieder an seinen Platz zurückzuschleichen. Wenn der Hund ein verdächtiges Geräusch wahrnimmt, knurrt er und deutet mit seinem Arm in die Richtung, aus welcher es seiner Ansicht nach kommt. Zeigt er den Anschleicher richtig an, so muss dieser auf seinen Platz im Kreis zurück, auch wenn er den Knochen schon entwendet hat. In dem Fall wird ein neuer Anschleicher bestimmt. Zeigt der Hund in die falsche Richtung, darf der Anschleicher weiterhin sein Glück versuchen. Kann er mit dem Knochen unbeachtet an seinen alten Platz im Kreis zurückschleichen, wird ein neuer Hund ausgewählt.

Material: ein Stock (als Knochen)

66. Auf leisen Sohlen

Die Gruppe stellt sich an einer Wand entlang auf. An der gegenüberliegenden Wand steht ein freiwilliger Spieler, der der Gruppe den Rücken zudreht. Die Gruppe bewegt sich nun ohne Worte in einem (möglichst gemeinsamen) Rhythmus auf den Spieler zu. Sobald der Spieler gegenüber die Näherkommenden durch ein Geräusch wahrnimmt, hebt er die Hand. In diesem Fall muss die Gruppe zurück in ihre Ausgangsposition und ihr Glück noch einmal versuchen. Wenn die Gruppe so dicht hinter dem Freiwilligen steht, dass man ihm die Hand auf die Schulter legen kann, ist die Runde beendet, und ein neuer Spieler wird zum „Aufseher" ausgewählt.

67. Wer spielt hier die erste Geige?

Ein freiwilliger Teilnehmer geht hinaus, die übrigen bilden das große Orchester. Ein Dirigent wird ausgewählt. Dieser spielt von seinem Platz aus beliebige Instrumente, allerdings nur pantomimisch. Es kann sich dabei um alle möglichen Instrumente handeln, ob Klavier, Gitarre, Geige, Bass, Schlagzeug, Becken, Flöte, Posaune, Mundharmonika etc. Dabei wird ein Lied gesungen, das allen Gruppenmitgliedern bekannt ist, z.B. „Männer sind Schweine". Wird der hinausgeschickte Spieler hereingerufen, ist das Orchester bereits aktiv, das heißt, es wird an dieser Stelle allseits pantomimisch ein Instrument gespielt und kräftig gesungen. Auf stumme Initiative des Dirigenten wechseln die Instrumente, so dass mal Gitarre, mal Klavier, mal Schlagzeug gespielt wird. Der hinausgeschickte Spieler muss nun herausfinden, wer hier den anderen den Impuls zum Wechseln gibt, d.h. er muss den Dirigenten „outen". Die anderen Spieler müssen darauf bedacht sein, ihre Blicke nicht zu offensichtlich in Richtung des Dirigenten schweifen zu lassen, um die Aufgabe zu erschweren.

68. Auf eine Menschenmauer zulaufen

Ein Freiwilliger stellt sich mit geschlossenen Augen – dem Raum zugewandt – an einer Wand auf. Danach postieren sich in einem gewissen Abstand die restlichen Teilnehmer ihm gegenüber, indem

sie sich wie eine Menschenmauer aneinander reihen. Nun beginnt
derjenige, der die Augen geschlossen hat, vorsichtig auf diese Menschenmauer zuzugehen. Dabei versucht er genau zu spüren, wann
er unmittelbar vor der Menschenmauer steht. Seine Aufgabe
besteht darin, so rechtzeitig anzuhalten, dass er mit den anderen
nicht zusammenstößt. Die Leute innerhalb der Mauer müssen dementsprechend jedes Geräusch vermeiden, welches dem Näherkommenden verraten könnte, in welcher Entfernung er sich zur Mauer
befindet.

Variante des Spiels: Der Freiwillige hat die Augen noch geöffnet,
während sich ihm gegenüber die Menschenmauer formiert. Nun
muss er vorhersagen, wie viele Schritte er wohl braucht, um kurz
vor der Mauer stehen zu bleiben. Dann schließt er die Augen und
geht die von ihm festgelegte Anzahl der Schritte. Wichtig dabei ist,
dass **jeder** einzelne Schritt (auch der letzte) konsequent ausgeführt
wird. Das heißt, der Mitspieler darf nicht während seines Weges
langsamer werden oder gar beim letzten Schritt zögern.

Es ist interessant zu beobachten, wie viele Personen spätestens
beim letzten Schritt doch der Mut verlässt, so dass dieser wesentlich kleiner ausfällt als die übrigen Schritte.

69. Zwei Menschen laufen aufeinander zu

Zwei Personen stellen sich in ausreichendem Abstand einander
gegenüber und schließen die Augen. Dann beginnen sie, aufeinander zuzulaufen. Ihre Aufgabe besteht darin, so weit voreinander
stehen zu bleiben, dass sie sich mit ausgestreckten Händen gegenseitig berühren können.

70. Mit Blicken durchbohren

Bis auf einen einzelnen Spieler stellt sich die gesamte Gruppe in
einer Reihe auf. Der übriggebliebene Teilnehmer postiert sich in
einigem Abstand hinter dieser Reihe, welche ihm den Rücken

zugewandt hat. Nun wählt dieser Spieler aus der Gruppe eine Person aus, die er mit durchdringendem Blick anstarrt. Jeder Spieler innerhalb der Reihe ist nun aufgefordert, seine Sensoren auszufahren um festzustellen, ob vielleicht **er** derjenige ist, der gerade von dem Mitspieler mit Blicken „durchbohrt" wird. Es versteht sich von selbst, dass bei dieser Übung nicht gesprochen werden darf.

71. Gegenseitiges „Abtasten"

Die Teilnehmer finden sich jeweils zu Paaren zusammen. Eine Person schließt die Augen. Die andere beginnt nun damit, ihre Hände in einem Abstand von etwa 10 cm am Körper des Partners entlang gleiten zu lassen, ohne Körperkontakt herzustellen. Dabei muss nicht systematisch, also von oben nach unten, vorgegangen werden. Wichtig hierbei ist lediglich – wie bei den vorher beschriebenen Übungen – dass keine Geräusche verursacht werden, vor allem nicht von demjenigen, der gerade den Körper „abtastet". Der Partner mit den geschlossenen Augen versucht nun zu spüren, an welcher Stelle sich die Hände des anderen gerade befinden. Nach einer gewissen Zeit tauschen „Fühler" und „Abtaster" die Rollen.

72. Gefühle tauschen

Zwei Personen stellen sich in einem Abstand von mindestens fünf Metern einander zugewandt gegenüber, so dass sie sich anschauen. Jeder von ihnen entscheidet sich für ein Gefühl. Bedingung: Die jeweiligen Gefühle der beiden Spielpartner müssen **gegensätzlich** sein. Wenn sich Spieler A beispielsweise für Hass entscheidet, bekommt Spieler B das Gefühl Liebe zugeteilt. Nun müssen die zwei zunächst versuchen, das beschriebene Gefühl in sich selbst so gut wie möglich aufzubauen. Wenn dies geschehen ist, wählen beide ohne Worte einen gemeinsamen Impuls, um aufeinander zuzulaufen. Unmittelbar voreinander bleiben sie stehen. Nun ver-

sucht jeder der beiden, sein eigenes Gefühl, welches er in sich aufgebaut hat, an den anderen „abzugeben" und dafür das Gefühl, welches der Spielpartner bis dahin innehatte, „an sich zu nehmen". In
unserem Beispiel hätte dann Spieler A anschließend das Gefühl
Liebe in sich aufgenommen und dafür den Hass an B weitergege-
ben. Aus der Sicht von B wurde die Liebe abgegeben und dafür der
Hass vom anderen übernommen. Erst wenn beide sicher sind, dass
der Tausch auch wirklich vollzogen ist, gehen sie ihren angefange-
nen Weg weiter.

Dieses Spiel lässt sich mit beliebigen Gefühlen durchführen:
Freude und Ärger, Hoffnung und Enttäuschung, Fröhlichkeit und
Bitterkeit, Angst und Mut etc.

Wichtig ist hier die anschließende Reflexion mit dem Rest der
Gruppe: Wie hat der Gefühlstausch auf die anderen gewirkt? War
das ganze überzeugend? Oder hätten sich die beiden Spieler für
ihren Tausch mehr Zeit nehmen sollen?

73. Vertrauens-Pendel

Die Gruppe formiert sich zu Dreiergruppen. Zwei Personen stellen
sich in einem Abstand von etwa anderthalb Metern (ggf. auch
weniger) einander gegenüber. Die dritte Person stellt sich genau
zwischen diese beiden Spieler, so dass sie dem einen das Gesicht,
dem anderen den Rücken zuwendet. Dann schließt der Spieler in
der Mitte seine Augen, versteift seinen Körper und lässt sich mit
sanftem Schwung nach vorn fallen. Der Spieler, der vor ihm steht,
fängt ihn nun auf, indem er seine Hände gegen die Schultern des
ihm entgegenkommenden Spielpartners hält. Dann schiebt er diesen vorsichtig in die entgegengesetzte Richtung, so dass der Spieler
in der Mitte nun nach hinten fällt. Dort fängt ihn der andere Spieler
auf gleiche Weise auf und schiebt ihn wieder zurück. Das Spiel geht
einige Male hin und her. Danach tauschen die Spieler ihre Positionen, bis jeder einmal in der Mitte „gependelt" hat. Auch hier sollte
anschließend über die Gefühle während der Übung gesprochen
werden. Wie schwer oder leicht war es für den Einzelnen, sich im

wahrsten Sinne des Wortes „fallen zu lassen" und darauf zu vertrauen, dass ihn die anderen auffangen?

74. In den Kreis fallen

Die Gruppe formiert sich zu einem Kreis von maximal zehn Personen. Ein Spieler geht in die Mitte und schließt seine Augen. Dann versteift er seinen Körper und lässt sich in eine beliebige Richtung fallen. Die Mitspieler um ihn herum fangen ihn auf und befördern ihn sanft in eine andere Richtung. So kann die Person in der Mitte von einem zum anderen „gereicht" werden. Wichtig ist dabei, dass jeder im Kreis achtsam mit dem Körper des Spielers in der Mitte umgeht.

75. Blind führen

Wieder findet sich die Gruppe zu Paaren zusammen. Der erste Spieler schließt die Augen und streckt seinen Zeigefinger aus. Der zweite Spieler legt nun seinen eigenen Zeigefinger auf den seines Spielpartners und beginnt vorsichtig, den „Blinden" durch den Raum zu führen. Dabei muss der Körperkontakt zwischen den Fingern immer bestehen bleiben, denn auf diese Weise gibt der Führende dem anderen die Richtung an. Absolute Bedingung hierbei ist, dass derjenige, der führt, achtsam mit dem „Blinden" umgeht und stets darauf achtet, dass dieser nicht vor einen Gegenstand oder gar an eine Wand stößt. Auch bei dieser Übung wird nicht gesprochen.
Als Alternative legen die Partner nicht ihre Finger aneinander, sondern der Führende gibt dem Blinden durch leichtes Tippen auf den Rücken Zeichen, in welche Richtung er sich bewegen soll. Ein Tippen in die Rückenmitte heißt: geradeaus, ein Tippen auf die linke oder rechte Schulter bedeutet einen Wechsel in die entsprechende Richtung.

Nach einer gewissen Zeit werden die Rollen getauscht. Anschließend ist auch hier wichtig, über die Übung zu sprechen. Wer hatte
ein gutes Gefühl dabei, sich blind führen zu lassen, und wer empfand es als unangenehm?

76. Fotoapparat

Zwei Spieler, A und B, tun sich zusammen. B schließt die Augen. A
legt seine Hand auf den Rücken von B und schiebt B vorsichtig
durch den Raum. Wenn A ein bestimmtes Motiv im Raum entdeckt
(z.B. den Scheinwerfer an der Decke), richtet er behutsam den
Kopf von B darauf aus und tippt mit dem Zeigefinger vorsichtig auf
den Kopf von B. B selbst öffnet in diesem Moment für einen Sekun-
denbruchteil die Augen und sagt laut „Klick". Dann schließt B die
Augen wieder und lässt sich von A weiter durch den Raum führen.
Nach maximal fünf „geschossenen Bildern" wechseln A und B ihre
Rollen.

77. Führen und Folgen

Zwei Spielpartner, A und B, stellen sich mit dem Gesicht zueinander in einigem Abstand gegenüber, so dass sie ihre Handflächen aneinander legen können. A schiebt B nun durch den Raum, und B lässt dies geschehen, ohne sich dagegen zu wehren. Natürlich trägt A in dieser Phase auch die Verantwortung, dass B, der ja rückwärts geht, nicht mit anderen Spielpaaren, Gegenständen oder der Wand zusammenstößt. Nach zwei Minuten wechseln A und B ihre Rollen.

Danach kann ausprobiert werden: Welche Situation entsteht, wenn keiner führt bzw. wenn beide gleichzeitig führen wollen?

Fazit: Bei diesen zwei Varianten tut sich gar nichts, beide Spieler bleiben im Raum stehen oder kommen zumindest nicht weit. Diese Situation lässt sich auch auf das Theaterspielen übertragen: Eine Szene zwischen zwei (oder mehreren) Personen auf der Bühne funktioniert nur dann, wenn jeder Spieler mal führt und sich zwischendurch auch mal von den anderen führen lässt. So hat im übertragenen Sinne jeder einmal den Ball und gibt ihn auch hin und wieder an seine Mitspieler ab.

78. Töne summen

Alle Teilnehmer legen sich auf den Rücken und atmen langsam und gleichmäßig. Nach etwa zwei Minuten gibt der Spielleiter die Anweisung, während des Ausatmens einen beliebigen Ton zu summen, und zwar in Verbindung mit einem bestimmten Vokal (z.B. A). Diese Übung wird ungefähr fünfmal wiederholt. Dann gibt der Spielleiter neue Vokale (E, I, O, U) vor. Auch diese werden der Reihe nach mehrmals von allen gesummt. Anschließend kann innerhalb der Gruppe diskutiert werden: Welcher Buchstabe ließ sich am leichtesten ausatmen, welcher bereitete die größten Schwierigkeiten?

Fantasie und Improvisation

Der Bereich „Fantasie und Improvisation" nimmt im Rahmen des Theaterspielens einen besonderen Platz ein. Logisch, denn gerade in diesem Bereich sollen ja keine Grenzen gesetzt, sondern gesprengt werden. Außerdem kann hier jeder Erfahrungen darüber sammeln, was in ihm steckt. Viele Personen entdecken dabei an sich Fähigkeiten und Seiten, die sie vorher gar nicht kannten. Speziell im Bereich der Improvisation lässt sich testen, wie der Einzelne bestimmte unvorhergesehene Situationen meistert und ihnen vielleicht sogar noch eine positive Seite abgewinnt. Manch einer kann auf diese Weise über sich hinauswachsen.

Alle können bei den folgenden Spielen lernen ihrem Empfinden weitestgehend freien Lauf lassen. Getreu dem Motto: „Erst einmal über das Ziel hinausschießen – zurücknehmen kann ich mich immer noch!"

79. Magische Luft

Die Gruppe stellt sich im Kreis auf. Der erste Spieler formt nun mit seinen Händen aus der „Magischen Luft" im Raum einen imaginären Gegenstand (z. B. eine Gitarre). Mit diesem vollzieht er eine kleine Aktion. Im Beispiel der Gitarre „drischt" er nun in die Saiten, was das Zeug hält. Anschließend formt er den Gegenstand mit seinen Händen wieder zu einer kleinen Masse magischer Luft zusammen und gibt diese in die Hände seines Nachbarn. Nun ist dieser an der Reihe, sich etwas zu erspielen. Dieses Spiel kann je nach Größe der Gruppe mehrere Runden durchlaufen.

80. Spieglein, Spieglein an der Wand

Jeweils zwei Spieler stellen sich einander gegenüber. A ist nun eine reale Person, B hingegen das Spiegelbild von A. A beginnt, bestimmte Bewegungen auszuführen, indem er zum Beispiel seine Arme in die Höhe streckt, den Kopf wendet, die Zunge herausstreckt, die Handflächen im Wechsel nach außen und innen wendet usw. B muss nun diese Bewegungen so genau wie möglich und ohne große Zeitverzögerung nachahmen. Natürlich darf auch hier nicht gesprochen werden. Nach etwa zwei Minuten übernimmt B das Kommando, und A wird seinerseits zum Spiegelbild.

Variation des Spiels: Die beiden Partner wechseln nicht nach einer vorgegeben Zeit die Rollen, sondern suchen im Verlauf der Übung immer wieder ohne Worte nach einem Impuls, um mal die Führung zu übernehmen bzw. an den anderen abzugeben. So kann jeder im Wechsel von wenigen Sekunden mal die reale Person und mal das Spiegelbild sein.

81. „Ja" und „Nein"

Zwei Freiwillige stellen sich in die Mitte des Raumes. A nimmt eine offene Körperhaltung ein, geht auf B zu und sagt laut und deutlich: „Ja!" Dabei kann er durchaus versuchen, B zu berühren. B hingegen nimmt eine ablehnende Körperhaltung ein, wendet sich von A ab und sagt laut und bestimmt: „Nein!" Im Verlauf des Spiels versucht A nun irgendwie, doch an B „heranzukommen", indem er immer wieder ein „Ja!" ruft. B hingegen blockt stets ab und sagt immer wieder entschieden: „Nein!" Danach findet ein Rollentausch statt, anschließend bilden die nächsten zwei Personen ein Paar und wiederholen diese Übung, während der Rest der Gruppe zuschaut. Wenn jeder an der Reihe war, sollte im Gespräch erforscht werden, welche Rolle schwieriger war.

Erfahrungsgemäß tun sich die meisten Personen mit dem offenen „Ja" schwerer. „Nein" sagen – und damit den Partner auflaufen lassen – fällt vielen leichter.

82. Wort und Bewegung

Die Teilnehmer setzen sich auf dem Boden im Kreis zusammen.
Der erste Spieler sagt ein Wort und macht sofort danach eine Bewegung, die mit dem genannten Wort in keinem Zusammenhang steht.
Spieler A sagt z.B. „Kugelschreiber" und streckt die Zunge heraus.
Sein linker Nachbar (Spieler B) wiederholt das Wort und die Bewegung und fügt dann etwas eigenes hinzu. Er sagt z.B. „Hausboot"
und deutet dabei auf seine Armbanduhr. Sein linker Nachbar (Spieler C) wiederholt zuerst Wort und Bewegung von Spieler A, dann
von Spieler B und fügt danach ebenfalls etwas eigenes hinzu,
indem er z.B. „Kartoffel" sagt und die Augen schließt.
Wo treten wohl die ersten Schwierigkeiten bei den Wiederholungen
auf? Oder schafft es die Gruppe tatsächlich, auf diese Weise eine
Runde durchzuspielen, ohne ins Straucheln zu geraten?

83. Hans im Glück

Dieses Spiel ist eine tolle Übung, um Hemmungen abzubauen, z.B.
beim Ansprechen völlig fremder Personen. „Hans im Glück" lässt
sich am besten spielen im Verlauf eines Spieletreffens, einer Probe
oder eines Seminars, welche nicht in der vertrauten, sondern in
einer fremden Umgebung (z.B. in einer anderen Stadt) stattfindet.
Die Teilnehmer finden sich jeweils zu Paaren zusammen, bewaffnen sich mit Papier und Kuli und erhalten jeweils einen Gegenstand. Dabei ist es möglich, dass jede Gruppe gleichartige oder
auch unterschiedliche Gegenstände erhält, z.B. ein Spielzeugauto,
ein Ei, einen Bleistift etc. Nun geht es nach draußen auf die Straße.
Dort versucht jede Gruppe, mit Passanten ins Gespräch zu kommen
und sie dabei zu einem Tausch zu überreden. Im Verlauf dieses
Tauschgeschäftes gibt die Gruppe ihren Gegenstand, den sie erhalten hat, dem jeweiligen Passanten. Dieser muss ihnen dafür einen
beliebigen anderen Gegenstand geben, den er gerade mit sich führt:
sei es ein Papiertaschentuch, ein Bleistift, eine Visitenkarte, einen
Notizblock etc. Einzige Bedingung: Die Gruppe darf für ihren

Tausch kein Geld erhalten. Mit dem nun neu erworbenen Gegenstand geht es weiter zum nächsten Passanten, und auch hier wird
ein erneuter Tausch anvisiert. Jeweils ein Mitglied pro Gruppe hält
die einzelnen Tauschaktionen schriftlich fest. Dabei sollte jede
Gruppe ehrlich vorgehen und nicht einige fiktive Tauschaktionen
hinzuerfinden. Nach einer vorher vereinbarten Zeit (etwa eine
Stunde) treffen sich alle Teilnehmer wieder.

Es geht jetzt aber nicht darum, die Gruppe zu ermitteln, welche die
meisten Tauschaktionen vorweisen kann, um eventuell einen Sieger zu küren. Viel wichtiger und interessanter ist es, dass alle Beteiligten ihre Eindrücke und Erlebnisse schildern, die sie während des
Spiels sammeln konnten. Außerdem sollte ein Austausch darüber
stattfinden, wie leicht oder schwer es dem Einzelnen fiel, wild-
fremde Menschen anzusprechen und ihnen ein Anliegen vorzutra-
gen. Hat sich die Hemmschwelle vielleicht sogar im Verlauf des
Spiels gelegt?

Material: eine Anzahl beliebiger (nicht zu großer) Gegenstände, Papier, Kulis

84. Regentanz

Alle Teilnehmer setzen sich nach Belieben auf den Boden oder
bleiben stehen. Die erste Person beginnt, mit Händen oder Füßen
einen bestimmten Rhythmus zu klopfen, z.B. im Dreivierteltakt
aufstampfen. Die zweite Person beginnt einen neuen Rhythmus,
z.B. durch Händeklatschen in einem bestimmten Takt. Nach und
nach steigt jeder Spieler in diese Trommelrunde ein, und zwar auf
seine ganz individuelle Art. Ob er nun auf den Boden, an die Wand
oder gegen seinen eigenen Körper trommelt, ist dabei völlig egal.
Wer möchte, kann parallel zu seinem Klopfen noch ein beliebiges
Geräusch in regelmäßigen Abständen von sich geben, z.B. ein
Zischen, Pfeifen, Brummen, das Summen eines Tones usw. Egal,
für welchen Rhythmus und welches Geräusch sich der einzelne
auch entscheidet – wenn eine größere Gruppe zusammen auf diese
Weise „musiziert", hört sich das immer toll an. Man kann sich

dabei sogar in einen regelrechten Rausch hineinsteigern, so dass diese ganze Zeremonie einer großen Beschwörung gleicht. Daher auch der Name des Spiels „Regentanz".

Material: ggf. kleine Trommeln, große Blechdosen und alles, was Krach macht

85. Die Mensch-Maschine

Ein Freiwilliger beginnt dieses Spiel. Er stellt sich in die Mitte des Raumes und vollzieht eine selbstgewählt Bewegung, die dem Arbeitsgang einer Maschine gleicht. Zum Beispiel kniet er sich auf den Boden und schlägt mit einer zur Faust geballten Hand in regelmäßigen Abständen auf die Erde, als ob er etwas festklopfen würde. Nach kurzer Zeit gesellt sich ein zweiter Teilnehmer hinzu. Er baut Körperkontakt zum ersten Spieler auf, indem er sich beispielsweise an seinen Rücken lehnt. Dann führt auch dieser Spieler eine sich ständig wiederholende Bewegung aus, z.B. das Zusammenführen der Hände vor seiner Brust. Das Spiel setzt sich nun ebenso fort: Ein neuer Spieler kommt hinzu, stellt Körperkontakt zum vorherigen Spieler her und sucht sich eine Bewegung aus, bis alle Teilnehmer der Gruppe nun in dieser „Maschine" vereinigt sind. Natürlich kann jeder parallel zu seiner Aktion noch ein Geräusch von sich geben, z.B. ein lautes Ächzen, Pfeifen, Knirschen etc. Die „Maschine" wird nun in ihren einzelnen Bewegungen immer schneller und schneller, die Geräusche werden immer lauter und lauter, bis sich das ganze zu einem undefinierbaren Chaos steigert und die Maschine mit lautem Knall „explodiert". Diesen Zeitpunkt sollte die Gruppe ohne Absprache, nur einem gemeinsamen Impuls folgend, wählen.

86. Beschimpfen mit Korken

Die Spieler setzen sich in zwei Reihen einander gegenüber. Jeder klemmt sich einen Korken zwischen die Vorderzähne. Der äußere rechte Spieler einer Reihe beginnt, seinem Gegenüber ein beliebiges Schimpfwort zuzurufen („Blöde Kuh"). Die angesprochene Person wiederum wendet sich an den Spieler, der links neben ihrem Gegenüber sitzt und beschimpft diesen ebenfalls („Dummer Hammel!"). Der oder die Angesprochene kann sich nun wieder mit einer Beleidigung an sein unmittelbares Gegenüber wenden („Zimtzicke!"). Wenn das Spiel an den Enden der Personenreihen angelangt ist, kann das Schimpfen und Beschimpfen noch einmal auf umgekehrtem Weg durch die Reihen gehen, so dass auch derjenige mal beschimpft wird, der das Spiel eröffnet hat.

Die Art und Weise der Beschimpfungen sollte vor Beginn festgelegt werden, so dass hier niemand persönlich verletzt wird. In diesem Spiel geht es einfach darum, die Atmosphäre aufzulockern und sich über die durch die Korken bedingte witzige Aussprache zu amüsieren.

Material: viele Korken

87. Was wäre X als ...

Der Reihe nach überlegt die Gruppe, was der Einzelne wohl darstellen würde, wenn er kein Mensch wäre, sondern ein Gegenstand, also z.B. ein Auto (Porsche oder Kombi), eine Farbe (rot, grün, blau etc.), ein Theaterstück (Komödie, Drama, Musical etc.), ein Gewässer (stiller Ozean, reißender Fluss etc.) als Haus (Schloss, Bauernhof etc.), als Jahreszeit (Frühling, Sommer, Herbst, Winter), als Tier (Löwe, Maus, Pfau etc.), als Land (Spanien, Norwegen etc.), als Element (Erde, Wasser, Feuer, Luft).

Kann sich der angesprochene Teilnehmer mit den Vorschlägen der Gruppe identifizieren? Wenn ja, warum? Wenn nein, warum nicht? Und welcher Definition würde dann nach seiner eigenen Meinung besser zu ihm passen?

Dieses Spiel lässt sich auch dann durchführen, wenn die Gruppenmitglieder sich noch nicht gut kennen. Gerade dann ist es vielleicht für den Einzelnen interessant zu erfahren, welchen Eindruck die anderen innerhalb kurzer Zeit von ihm gewonnen haben.

88. Promis auf der Couch

Zwei freiwillige Spieler verlassen den Raum. Der Rest der Truppe einigt sich, welche prominenten Zeitgenossen die beiden darstellen sollen. Dabei kann es sich um real existierende oder Fantasiefiguren handeln, um lebende oder bereits verstorbene Promis wie z.B. Michael Jackson und Marilyn Monroe. Wenn die betreffenden beiden Personen wieder im Raum sind, nehmen sie auf der Prominenten Couch Platz, die auch aus ein paar Stühlen bestehen kann. Da sie keine Ahnung haben, wer sie nun sind, müssen sie anhand der Fragen und Anspielungen der anderen Gruppenmitglieder ihre Identität herausfinden. Michael Jackson könnte beispielsweise gefragt werden: „Sitzt ihre Nase noch richtig?" Marilyn Monroe könnte das Kompliment erhalten: „Wie schaffen Sie es nur, Jahrzehnte nach Ihrem Ableben noch so toll auszusehen?" Die beiden Prominenten müssen natürlich schlagfertige Antworten abliefern, auch wenn sie

am Anfang von ihrer Identität noch keinen Ahnung haben. Bei halbwegs originellen Fragen, die es den beiden Promis nicht zu leicht
machen dürfen, ist der Spaß auf beiden Seiten garantiert.

89. Pressekonferenz

Zwei Freiwillige werden bestimmt. Im Gegensatz zu „Promis auf
der Couch" wissen diese Personen bereits, welche prominenten
Zeitgenossen sie nun verkörpern (z.B. Madonna und Michael Schumacher). Die beiden setzen sich an einen Tisch und wenden sich mit
ihren Gesichtern der Gruppe zu, welcher sie nun Rede und Antwort
stehen, vor allem in Bezug auf ihre Persönlichkeit. Die Gruppe kann
die beiden Prominenten nun nach Herzenslust „ausquetschen", auch
Fragen hinsichtlich des Privatlebens der beiden Stars sind geradezu
erwünscht (z.B. ob die beiden mal ein Verhältnis hatten oder
Madonna sich demnächst ebenfalls als Rennfahrerin versuchen will,
während Schumacher eine Karriere als Sänger im Visier hat). Das
Publikum darf die beiden auch gelegentlich unterbrechen (nicht
übertreiben!). Danach werden zwei neue Prominente bestimmt.

90. Szenenwechsel

Zwei Freiwillige beginnen vor den Augen der anderen, eine beliebige Szene zu spielen, z.B. ein Ehepaar, das sich auf dem Weg zum
Theater befindet und dabei in einen heftigen Streit gerät. Nach etwa
einer Minute klatscht einer der zuschauenden Teilnehmer in die
Hände. Auf dieses Klatschen hin verharren die beiden Darsteller in
ihren Bewegungen. Derjenige, der geklatscht hat, bestimmt durch
ein Handzeichen, welcher der beiden bisherigen Darsteller die
Spielfläche verlassen soll. Dann nimmt der „Klatscher" genau die
letzte Körperhaltung der Person ein, die ausgeschieden ist, und die
Szene wird weitergespielt, diesmal aber mit geänderter Ausgangslage. Diese Ausgangslage wird nun durch den neu Hinzugekomme-
nen vorgegeben. An ihm ist es, eine Szene zu beginnen und in eine

völlig andere Situation zu verlegen als vorher. Die beiden darstellenden Teilnehmer sind beispielsweise nun kein Ehepaar mehr, sondern Verkäufer und Kunde in einer Nobel-Boutique. Nach etwa einer Minute wird abermals eine Person durch Klatschzeichen ausgetauscht. Dann wird die Szene erneut in ein anderes Umfeld verlegt und weitergespielt. Diese Übung dauert mindestens so lange, bis jeder Teilnehmer wenigstens einmal als Darsteller fungiert hat.

Material: ggf. Requisiten

91. Kaffeefahrt

Der Spielleiter stellt die Aufgabe, dass sich jeder einen beliebigen Gegenstand aus dem Raum aussucht oder eventuell zum gemeinsamen Treffen mitbringt. Dabei kann es sich um alles mögliche handeln, ob nun ein Kuli, ein Glas, eine CD etc. Wenn jeder seinen ausgewählten Gegenstand parat hat, offenbart der Leiter, dass jeder Spieler nun nacheinander seinen Gegenstand den anderen als die große Sensation schlechthin anpreisen muss. Dies sollte auf so überzeugende Art und Weise geschehen, dass die Zuhörer glauben, etwas zu verpassen, wenn sie nicht auch in den Besitz eines solchen Objektes kommen. Die einzelnen Gegenstände können als solche angepriesen oder zweckentfremdet werden. Eine Flasche kann durchaus als eine besondere Flasche, aber auch als ein Werkzeug oder etwas Ähnliches angeboten werden. Das Spiel wird noch interessanter, wenn die Zuhörer dem Anpreiser zwischendurch Fragen zu dem betreffenden Produkt stellen.

Material: beliebige Gegenstände

92. Erzählspiel

Der Spielleiter schreibt auf kleine Zettel einzelne Wörter, die sich in einer Geschichte oder einem Märchen unterbringen lassen (Fee,

Zauberer, Zwerg, Junge, Mädchen, Riese, Hütte, Wald, Berg, Fluss, Winter etc.) Er kann als Alternative durchaus auch Worte auswählen, die keinen Bezug zueinander haben. Nun setzt sich die Gruppe zusammen, und jeder Teilnehmer zieht einen oder mehrere Zettel. Der erste Spieler beginnt nun mit einer Geschichte, indem er eine Minute lang erzählt. In dieser Zeit muss er unbedingt die Wörter in die Geschichte einbauen, welche auf seinen Zetteln stehen. Nach einer Minute muss sein Nachbar die Geschichte weitererzählen. Auch er hat dafür eine Minute zur Verfügung, und auch für ihn und alle anderen gilt: Die Wörter auf den Zetteln müssen in die Erzählung einfließen, egal, ob sie auf den ersten Blick in die Handlung passen oder nicht. Wer ein Wort auslässt oder beim Erzählen zu lange zögert, scheidet aus.

Dieses Übung lässt sich auch als Gruppenspiel durchführen. In dem Fall werden zwei (oder noch mehr) Mannschaften gebildet, und jede Mannschaft muss nun im Wechsel der Reihe nach erzählen, bis jeder einzelne Teilnehmer an der Reihe war. Bei Vergessen eines Wortes oder zu langem Zögern gibt es Minuspunkte.

Material: Zettel, Kuli

93. Schweinepest

Der Spielleiter schreibt für jeden Spieler ein nicht ganz alltägliches Hauptwort auf einen Zettel (z.B. Schweinepest). Jeder Teilnehmer zieht nun einen Zettel und liest – von den anderen unbemerkt – das darauf befindliche Wort. Der Spielleiter erzählt nun eine kleine Geschichte oder liest etwas aus einem Buch oder der Zeitung vor. Mittendrin bricht er plötzlich abrupt ab. Nun müssen die Spieler in einer vorher bestimmten Reihenfolge die angefangene Geschichte mit eigener Fantasie weitererzählen. Dabei ist es Pflicht, dass auf ihrem Zettel befindliche Wort in der Erzählung unterzubringen, ohne dass es im Gesamtzusammenhang der Geschichte auffällt. Nach einer Minute wechseln die Erzähler. Die einzelnen Spieler müssen nun durch genaues Zuhören herausfinden, welches Wort die jeweiligen Mitstreiter einflechten mussten. Am besten hält jeder seine Mutmaßungen auf einem separaten Zettel schriftlich fest. Am Schluss wird dann untereinander verglichen. Wer hat „Pokerface" bewahrt und sein Wort eiskalt in seine Erzählung eingewoben, ohne dass es den anderen auffiel? Wer hat sich verraten? Und durch was?

Material: Zettel, Kulis

94. Gefühlsfelder

Der Spielleiter legt vier gleich große (möglichst quadratische) flache Pappkartonseiten (oder starkes Papier) dicht nebeneinander auf den Boden. Jedes dieser „Felder" bekommt nun ein bestimmtes Gefühl zugeordnet. Feld A zum Beispiel steht für Wut, Feld B für Freude, Feld C für Angst und Feld D für Trauer. Nacheinander durchwandert nun möglichst jeder Spieler einmal vor den Augen der anderen diese Gefühlsfelder. Je nachdem, in welchem Feld er sich gerade befindet, muss er versuchen, dass dafür festgelegte Gefühl in sich zu entfalten, damit es für die Zuschauer gut sichtbar wird. Anschließend sollte diskutiert werden: Welches Gefühl war am leichtesten darzustellen, welches am schwersten? Welche Person war bei bestimmten Gefühlen besonders überzeugend?

Material: vier gleich große Pappkartonseiten

95. Pantomimische Kette

Je nach Gruppenstärke werden drei bis fünf Spieler hinausgeschickt. Der Rest der Gruppe überlegt sich eine Situation, welche eine bestimmte Person, die noch mit im Raum ist, nun vorspielen soll, z.B. das Waschen eines Elefanten. Die ausgewählte Person postiert sich in der Mitte des Raumes, und der erste der hinausgeschickten Spieler wird hereingeholt. Der Teilnehmer in der Mitte führt ihm nun pantomimisch die vereinbarte Aktion vor. Der hereingeholte Spieler muss sich alle Bewegungen möglichst genau einprägen. Nachdem der Teilnehmer in der Mitte seine Pantomime beendet hat, stellt sich der Spieler, der ihn bis dahin „studiert" hat, in die Mitte. Dann wird die nächste Person vor der Tür in den Raum geführt und muss dem Spieler in der Mitte Aufmerksamkeit schenken, weil dieser jetzt seinerseits die zuvor gesehene Pantomime so gut wie möglich wiederholt. Danach wird der nächste Spieler von draußen hereingeholt, und wieder wird der vormalige „Zuschauer" zum Pantomimen.

Am Schluss müssen die Spieler, die zu Beginn des Spieles vor der Tür waren, versuchen zu erraten, um welche Aktion es sich bei der Pantomime gehandelt hat. Dargestellt werden können z.B. das Flicken eines Fahrradreifens, das Wickeln eines Babys, das Landen eines Flugzeuges usw.

96. Gefühlspantomime

Die Teilnehmer formieren sich zu zwei Gruppen (A und B). Jede Gruppe wählt nun für sich ein Gefühl aus, ohne es der anderen Partei zu verraten. Dann beginnt Gruppe A, das entsprechende Gefühl (z.B. Einsamkeit, Trauer, Wut, Angst, Freude, Hoffnung) gemeinschaftlich pantomimisch darzustellen, und zwar im Tableau, d.h. in einem Bild aus Menschen, wo sich aber keine Person bewegt. Gruppe B betrachtet das pantomimische Bild und versucht, das dargestellte Gefühl zu erraten.

Nach der Auflösung sollte Gruppe A noch einen Moment im Tableau verharren, so dass Gruppe B gegebenenfalls Veränderungen an dem Bild vornehmen kann, damit es ihrer Meinung nach vielleicht noch besser zu dem beschriebenen Gefühl passt. In dem Fall können z.B. durch Gruppe B die Körperhaltungen der darstellenden Personen (Gruppe A) verändert werden.

Dann muss Gruppe B ein Gefühl darstellen, Gruppe A muss es erraten und darf das entstandene Bild ebenfalls auf Wunsch „korrigieren".

97. Modellieren einer Pantomime

Der Spielleiter gibt ein bestimmtes Gefühl vor, das es nun darzustellen gilt (z. B. Trauer). Dann findet sich die Gruppe zu Paaren
zusammen. Spieler A stellt sich mit leicht gegrätschten Beinen hin
und lässt Arme und Kopf leicht herunterhängen. Spieler B hat nun
die Aufgabe, die Körperhaltung von A so zu verändern, dass dieser
am Ende das vorgegebene Gefühl ausdrückt. B kann also Ober- und
Unterkörper von A in eine andere Stellung versetzen. A lässt es –
soweit es ihm nicht zu unangenehm wird – einfach geschehen. Am
Ende gehen die Spieler, welche „geformt" haben, von „Statue" zu
„Statue" und überlegen, wem es wohl am besten gelungen ist, das
vorgegebene Gefühl zu formen. Danach erfolgt unter den Partnern
ein Rollentausch.

98. Comedy-Pantomime

Die Teilnehmer teilen sich in verschiedene Gruppen von mindestens drei Leuten auf. Der Spielleiter händigt nun jeder Gruppe
einen Zettel aus. Auf dem Zettel steht eine komische Situation,
welche die jeweilige Gruppe nun vor den anderen darstellen muss
und deren Ausgang den Spielern überlassen bleibt. Der besondere
Reiz daran ist, dass die Situationen pantomimisch, also völlig ohne
Worte, dargestellt werden soll. Beispiele für Situationen:

* Einige Personen, unter ihnen eine hochschwangere Dame, treffen sich zum munteren Kaffeklatsch. Als man gerade so richtig
  im Redefluss ist, passiert es: Bei der Schwangeren kündigen sich
  die Wehen an.
* Eine Gruppe von Leuten wartet an einer Bushaltestelle. Einer
  nach dem anderen verwandelt sich nun plötzlich nach und nach
  in ein Tier (Affe, Löwe, Krähe, Schlange usw). Wie verhalten
  sie sich jetzt?
* Ein Ehepaar steht vor dem Traualtar. Kurz vor der Zeremonie
  stellt der Bräutigam fest, dass er die Ringe vergessen hat. Was
  nun?

✳ Drei Schauspieler stehen auf der Bühne und spielen ein Stück. Der vierte Darsteller liegt neben der Bühne und schläft. Sein Stichwort fällt, doch er erscheint natürlich nicht. Die anderen Darsteller spielen die Szene erneut, das Stichwort fällt immer wieder, der Souffleur weiß auch nicht mehr weiter – wie endet dieses Chaos?

Man darf gespannt sein, was sich die einzelnen Gruppen einfallen lassen, um die Szenen zu Ende zu spielen. Außerdem ist es interessant, ob alle Situationen auch wirklich bei den Zuschauern so deutlich werden, wie die Spieler es beabsichtigen.

Material: ggf. Requisiten

99. Konflikt-Pantomime

Auch bei dieser Variante teilt sich der Teilnehmerkreis wieder in Gruppen von mindestens drei Personen auf. Jede einzelne Gruppe bekommt nun vom Seminarleiter eine kritische Situation vorgegeben, welche sie ohne Worte bewältigen muss. Diese Situationen sollten auch den anderen Personen bekannt sein. Beispiel:

* Gruppe A befindet sich auf einem Schiff, das zu sinken droht.
* Gruppe B bleibt im Fahrstuhl stecken.
* Gruppe C muss sich vor einem tosenden Unwetter in Sicherheit bringen.
* Gruppe D ist in einer Höhle eingeschlossen.

Während eine Gruppe jeweils spielt, sollten die anderen genau beobachten: Auf welche Weise löst die Gruppe den vorgegebenen Konflikt? Welche Person übernimmt die Führung? Welche Personen lassen sich führen? Oder ist das Verhältnis untereinander ausgeglichen? Wer gibt die entscheidenden Impulse?

Material: ggf. Requisiten

100. Ausstieg aus einer Szene

Die Teilnehmer bilden Gruppen von zwei bis vier Leuten. Innerhalb der einzelnen Formationen wird eine Person zum „Kommentator" bestimmt. Dann spielt jede Gruppe eine beliebige Szene, die der Kommentator auswählt, weil er sie selbst schon einmal real erlebt hat. Dabei kann es sich um komische oder ernste Situationen handeln, z.B. das erste, leicht misslungene Treffen mit der allerersten Freundin bzw. Freund oder ein völlig misslungenes Bewerbungsgespräch. Der Kommentator spielt dabei sich selbst. Zwischendurch steigt er an Zeitpunkten, die er selbst bestimmt, aus der Handlung aus und wendet sich an die Zuschauer. Die restlichen Spieler frieren darauf in ihre Bewegungen ein. Der Kommentator erläutert nun den Zuschauern, was er in diesem Moment empfand, als er sich in diesem Geschehen befand. Anschließend steigt er wieder in die Szene ein, und die Handlung läuft – inklusive der anderen Darsteller – weiter. Dabei sollte der Kommentator nicht mehr als drei- bis viermal die Szene unterbrechen. Nachdem alle Gruppen eine Szene dargeboten haben, kann diskutiert werden: Wer hat so etwas Ähnliches selbst schon erlebt? Entsprachen die Gefühle des

Kommentators den eigenen, die man in der parallelen Situation empfand? Wer konnte dem Zuschauer seine Empfindungen am besten vermitteln?

Material: ggf. Requisiten

101. Bildergeschichten

Der Spielleiter hat vor Beginn des gemeinsamen Treffens verschiedene Bilder aus Zeitungen ausgeschnitten. Besonders gut eignen sich hierfür Werbeanzeigen. Auf diesen Bildern sollten Menschen in bestimmten Situationen zu sehen sein. Die Anwesenden teilen sich in gleich starke Gruppen von etwa drei bis sechs Personen auf. Jede Gruppe bekommt nun mindestens drei (höchstens fünf) Bilder ausgehändigt. Aufgabe der Gruppen ist es, die einzelnen Situationen, die auf den Bildern gezeigt werden, zu einer fortlaufenden Geschichte zu verbinden. Diese Geschichte soll dann von der jeweiligen Gruppe in einer kleinen Szene (nicht länger als zehn Minuten) nachgespielt werden. Dabei müssen die Spieler darauf achten, dass sie während des Darbietens die Haltungen und Stellungen, welche die Personen auf ihren Bildern hatten, nun übernehmen und damit die Situationen auf diesen Bildern widerspiegeln. Anschließend sollte reflektiert werden: Welche Gruppe konnte die Bilder am besten zu einer Szene verarbeiten? Welche Gruppe hat eventuell das Thema verfehlt oder die Situationen nicht deutlich gemacht?

Material: Bilder aus Zeitungen, ggf. Requisiten

102. Körperhaltungen in eine Szene einbauen

Eine Gruppe von etwa fünf Personen verteilt sich im Raum. Jeder Einzelne probiert nun jeweils drei verschiedene Körperhaltungen aus, von denen er jede für etwa eine Minute beibehält. Bei diesen

Körperhaltungen kann es sich um Positionen im Stehen, Sitzen oder auch Liegen handeln. Nachdem alle Freiwilligen ihre drei Haltungen ausprobiert haben, spielen sie den anderen eine Szene von nicht mehr als fünf Minuten vor, deren Inhalt ihnen vom Spielleiter in groben Zügen bekannt gegeben wird (Ort der Handlung, Handlungsablauf, kurze Charakterisierung der darzustellenden Personen). Während die ausgesuchten Teilnehmer nun diese Szene mit eigenen Improvisationen spielen, haben sie die Aufgabe, ihre drei Körperhaltungen vom ersten Teil der Übung in diese gespielte Szene mit einfließen zu lassen.

Die zuschauenden Teilnehmer sind aufgefordert, genau zu beobachten und nachher Rückmeldung zu geben: Waren die Körperhaltungen eindeutig wiederzuerkennen? Passten sie in den Handlungsablauf der Szene bzw. zu der dargestellten Figur? Wenn ja, warum? Oder warum nicht?

103. „Libberische" Botschaften

Die Spieler finden sich zu Paaren zusammen. Spieler A bekommt vom Seminarleiter einen Zettel ausgehändigt, welchen er seinem Partner auf keinen Fall zeigen darf. Dieser Zettel enthält eine Botschaft, die Spieler A an Spieler B übermitteln soll. Der Haken: Spieler A muss sich dabei der „libberischen" Sprache bedienen. Das ist eine Fantasiesprache, die es im realen Leben nicht gibt. Sie besteht aus einer wirren Aneinanderreihung von Konsonanten, Vokalen und Lauten, die sich Spieler A selbst ausdenken kann (z.B. „Brrraaaaknnnhüssssilutgkiion"). Auf diese Weise muss er nun versuchen, Spieler B die Botschaft zu vermitteln. Spieler B seinerseits ist nun aufgefordert, herauszufinden, was A von ihm will. Vielleicht gelingt es ja tatsächlich, nur durch die Art und Weise, *wie* man spricht, eine Nachricht zu übermitteln.

Vorschläge für „libberische" Botschaften:

* ✳ Spieler A will B dazu bewegen, ihm einen Kaffee zu holen.
* ✳ Spieler A möchte mit B das Portemonnaie tauschen.

✳ Spieler A fragt B, wo die Toiletten sind.
✳ Spieler A will B klarmachen, dass er seine Kontaktlinsen verloren hat.

Anstelle der Fantasiesprache „Libberisch" können sich die Teilnehmer auch durch Zahlen (von eins bis hundert) äußern und damit versuchen, ihr Vorhaben auszudrücken.

104. Ausreden erfinden

Wieder finden sich die Teilnehmer zu Paaren zusammen. Der Spielleiter händigt Spieler A ungesehen einen Zettel aus, auf dem eine bestimmte Situation geschildert wird. Dann erläutert der Leiter beiden Spielern, an welchem Ort sich die Szene abspielt und wie sie beginnt. A und B spielen die vorgegebene Situation. Das Besondere: Auf dem Zettel von A steht eine entscheidende Sache, die B in eine völlig peinliche Lage bringt, von der der betroffene (B) aber natürlich zu Beginn der Szene nichts weiß.
Beispiel: A bekommt einen Zettel, auf welchem steht:

> Die Szene spielt am Zoll. Du bist der Zollbeamte. Dein Spielpartner (B) will die Grenze passieren. Vorher durchsuchst du sein Gepäck und entdeckst Schmuggelware.

Dann erklärt der Spielleiter Ort und Einstiegshandlung der Szene für Spieler B und alle anderen Teilnehmer, indem er z.B. sagt: „Die Szene spielt an einem Grenzübergang. A ist der Zollbeamte, B will die Grenze passieren."
Dann beginnen A und B mit der Szene. A lässt sich das Gepäck von B zeigen, hält plötzlich einen beliebigen Gegenstand hoch und

fragt: „Wieso haben Sie Alkohol im Gepäck?" Nun darf man gespannt sein, wie B sich herausredet, um die Situation zu retten. Weitere Möglichkeiten sind z.B.:

✳ A und B treffen sich in der Kneipe. A erklärt, dass die beiden im Lotto gewonnen haben. A will wissen, wo der Lottoschein verblieben ist. Egal, was B ihm nun auch unter die Nase hält - A macht ihm klar, dass es sich nicht um den Lottoschein handelt. Wie redet sich B da raus?

✳ A ist Schauspiellehrer an einer Schauspielschule. B stellt sich als Bewerber um ein Stipendium vor. A fordert B auf, eine Szene zu spielen. B muss sich nun irgend etwas „aus den Fingern saugen". Doch schon nach kurzer Zeit bricht A die Übung ab und fordert B auf, eine andere Szene darzubieten. Doch auch die neue Szene von B unterbricht A ziemlich schnell und fordert von B etwas Neues. Wird es B letztlich doch gelingen, A zu überzeugen?

Material: ggf. Requisiten

105. Selbstbehauptungsspiel

Die Teilnehmer bilden Gruppen von vier bis fünf Personen. Jeder Gruppe wird eine bestimmte Situation vorgegeben, die die verschiedenen Gruppen der Reihe nach den anderen vorspielen. Dabei kommt es für jeden einzelnen Spieler darauf an, sich möglichst gut „zu verkaufen", d.h. zu behaupten. Am Ende einer jeden Spielszene sollte mit der gesamten Gruppe diskutiert werden: Welcher Spieler konnte sich besser behaupten und warum? Wer hatte Schwierigkeiten?
Mögliche Situationen:

✳ Einige Personen machen einen Ausflug mit einem Kutter. Plötzlich droht der Kahn zu sinken. Es ist zwar ein Rettungsboot an Bord, doch da passen nur zwei Personen rein. Nun muss jeder den Rest der Gruppe davon überzeugen, warum es gerade bei

ihm wichtig ist, dass er gerettet wird, während die anderen mög-
licherweise „baden gehen".

✳ Eine Gruppe stellt verschiedene Marktschreier auf einem
Wochenmarkt dar. Jeder preist ein bestimmtest Produkt an.
Dabei hebt jeder Einzelne seine eigene Ware gebührend hervor,
die Sachen der anderen hingegen werden regelrecht madig
gemacht.

✳ Mehrere Personen treffen in einer Talkshow aufeinander. Eine
Partei ist Pro, die andre Kontra. Nun wird ein möglichst kurioses
Thema vorgegeben, z.B. „Soll der Bayerische Wald nach Öster-
reich verlegt werden?", „Sollen jugendliche Vegetarier freiwilligen Zivildienst in einer Schlachterei leisten?" oder „Welche Vor-
teile bringt die Einführung des Linksverkehrs in Deutschland?"
Welche Partei vertritt ihre Standpunkte überzeugender?

✳ Der Spielleiter schlüpft in die Rolle eines Regisseurs an einem
renommierten Theater. Eine Gruppe von Leuten bewirbt sich
nun bei ihm um die Hauptrolle in dem Musical „Guildo Horn
und die Rückkehr der Orthopädischen Strümpfe". Jeder Bewerber muss nun auf seine Art versuchen, deutlich zu machen, dass
gerade er die Idealbesetzung für die Titeltrolle ist. Wer macht das
Rennen?

Material: ggf. Requisiten

106. Scharaden

Zwei Gruppen treten im Wettstreit um die besten „Darsteller"
gegeneinander an, und zwar im wahrsten Sinne des Wortes. Der
Spielleiter bereitet eine bestimmte Anzahl Zettel vor, auf welchem
die Begriffe stehen, die zu erraten sind. Der erste Spieler aus
Gruppe A geht zum Spielleiter und lässt sich den Zettel zeigen.
Dann beginnt A, seiner eigenen Gruppe den Begriff darzustellen
und zwar ohne Worte. Errät die Gruppe das gesuchte Wort innerhalb einer vorgegebenen Zeit (z.B. eine Minute), erhält sie einen
Punkt gutgeschrieben. Nun ist die andere Gruppe mit dem Darstel-

len an der Reihe. Das Spiel sollte so lang dauern, bis jede Person zumindest einmal etwas dargestellt hat.

Erraten werden können z.B. prominente Personen, wobei diese Sparte sich noch gliedern lässt in Sänger (Elvis Presley), Schauspieler (Julia Roberts) und Politiker (Helmut Kohl). Darüber hinaus können erraten werden: Sprichwörter (Wer anderen eine Grube gräbt …), Fernsehserien (Lindenstraße), Filme (Vom Winde verweht), Berufe (Hebamme), zusammengesetzte Hauptwörter (Augenweide), peinliche Situationen (beim Seitensprung erwischt) …

Die Liste lässt sich beliebig fortsetzen. Der eigenen Fantasie sind keine Grenzen gesetzt.

Material: Papier, Kulis

107. Situationen pantomimisch darstellen

Der Teilnehmerkreis bildet Gruppen von zwei bis fünf Personen. Jede Gruppe spielt den übrigen Teilnehmern nun eine vorgegebene Szene vor und zwar völlig ohne Worte. Dabei kann es sich um alles mögliche handeln, z.B. um eine Ehepaar, dass nach einem heftigen Streit am Vorabend nun dementsprechend missgelaunt morgens zusammen frühstückt, um eine blinde Person, die nachts aufwacht, weil sie ein Geräusch gehört hat, um eine Gruppe von Leuten, die im Fahrstuhl stecken bleibt, usw.

Die Zuschauer versuchen herauszufinden, um welche Situation es sich handelt. Nachdem die Szene abgespielt ist, sollte sie sofort gemeinsam reflektiert werden. War die dargestellte Situation deutlich? Wenn ja, warum? Wenn nein, warum nicht? Welche Gefühle wurden in der Szene vorrangig dargestellt? Welche Atmosphäre hatte das Ganze?

Danach ist die nächste Gruppe an der Reihe, eine andere Situation pantomimisch vorzuspielen.

108. Anfang und Ende

Die Teilnehmer bilden Gruppen von zwei bis drei Personen, ggf. auch mehr. Der Spielleiter gibt für jede Gruppe eine bestimmte Situation vor, welche nach gewisser Zeit der Absprache vorgespielt werden muss. Allerdings werden Anfang und Ende der Szene vom Spielleiter vorher genau festgelegt und auch allen anderen laut mitgeteilt. Nun gilt die Devise „Der Weg ist das Ziel", das heißt, entscheidend ist, wie die Gruppe sich vom vorgegebenen Anfang zum festgelegten Ende spielt. Beispiele:

* Anfang der Szene: Mehrere Patienten hocken im Wartezimmer eines Zahnarztes oder Nervenarztes. Ende der Szene: Alle haben die Flucht ergriffen, warum auch immer.
* Anfang: Zwei zerstrittene (Ehe-)Paare treffen sich vor Gericht. Ende: Die Parteien versöhnen sich.
* Anfang: Ein Verein trifft sich zur Jahreshauptversammlung. Der Vorsitzende eröffnet die Sitzung. Ende: Am Schluss ist der bisherige Vorsitzende überraschend abgewählt, und ein anderer sitzt auf seinem Platz.

Material: ggf. Requisiten

109. Situationen erzählen und nachspielen

Ein freiwilliger Spieler setzt sich auf einen Stuhl am Rand des Raumes. Er ist der Erzähler. Eine Gruppe von drei bis fünf anderen Personen sind die Darsteller, von denen nicht jeder unbedingt einen Charakter, zumindest aber einen Rollennamen zugewiesen bekommt. Die restlichen Teilnehmer schauen sich die folgende Szene an. Der Erzähler beginnt nun Satz für Satz, eine Geschichte zu erzählen, welche die ausgewählte Gruppe entsprechend nachspielt. Beispiel:
Der Erzähler sagt: „Vier Freunde treffen sich abends in der Kneipe."

Die Darsteller treffen sich in der Mitte des Raumes, begrüßen einander und setzen sich auf Stühlen im Kreis zusammen.

Der Erzähler fährt fort: „Helga erzählt den anderen, dass sie gestern einen Autounfall hatte."

Die Darstellerin, welche vorher zu Helga bestimmt wurde, erklärt den anderen am Stammtisch nun mit ihren eigenen Worten, wie sich der Unfall ereignet hat.

Nun kann der Erzähler den Verlauf der Szene bestimmen, denn er hat ja alle Fäden in der Hand. Er kann alles mögliche passieren lassen, z.B. kann plötzlich in der Kneipe ein Brand ausbrechen, Hochwasser entstehen, ein Darsteller verschüttet sein Bier usw.

Es kann sich sowohl um witzige und auflockernde als auch um ernste Situationen handeln. Die Szene sollte nicht länger als zehn Minuten dauern und auch einen erkennbaren Schluss aufweisen. Nach der gemeinsamen Debatte über die Szene kann sich ein neuer Freiwilliger melden, der erzählen möchte. Dazu formiert sich eine neue Gruppe von Darstellern, und das Spiel beginnt von vorn.

Material: ggf. Requisiten

110. Welt der Fantasie

Jeweils vier bis fünf Personen finden sich zusammen. Jede Gruppe erhält vom Spielleiter eine bestimmte Ausgangssituation zugewiesen, welche es szenisch darzustellen gilt. Der Clou: Nachdem die Szene etwa ein bis zwei Minuten gelaufen ist, nimmt das ganze Spiel auf Anweisung des Spielleiters eine dramatische Wendung, und zwar in die Welt des Irrealen, der Fantasie. Nun müssen die Darsteller zusehen, wie sie sich in dieser neuen Situation zurechtfinden. Beispiele:

❋ Einige Personen fahren als Reisegruppe in einem Zugabteil. Sie unterhalten sich angeregt über Gott und die Welt. Dann kommt vom Spielleiter die Anweisung: „Der Zug hält an einem Bahnhof, ihr steigt aus. Der Zug fährt ab, und auf einmal stellt ihr fest:

um euch herum befindet sich rein gar nichts. Kein Haus, kein Baum, kein Strauch, kein Boden, kein Himmel. Nicht die geringste Kleinigkeit lässt den Anflug einer Materie erkennen." Wie finden sich die Spieler wohl in dieser „Twilight-Zone" zurecht?

✳ Ein Pärchen sitzt vor dem Fernseher. Sie unterhalten sich angeregt, der Film interessiert sie weniger. Der Film selbst wird ebenfalls durch einige Darsteller in Szene gesetzt. Dann ruft der Spielleiter: „Nun fordern die Figuren im Fernsehen das Pärchen vor dem Fernseher auf, dem Film mehr Aufmerksamkeit zu schenken!" Nun müssen sich also die „Fernsehstars" an die Zuschauer wenden. Worauf läuft dieses irreale Spiel wohl hinaus?

✳ Vier Personen verrichten eine bestimmte Arbeit. Person A knetet einen imaginären Gegenstand durch und gibt ihn an B weiter. Der bearbeitet den Gegenstand auf eine *andere* Art weiter und reicht ihn an C weiter. Der bearbeitet den Gegenstand wieder auf andere Weise, um ihn dann D zu geben. Das ganze Spiel läuft etwa eine Minute wie am Fließband. Dann ruft der Spielleiter: „Ihr seid allesamt Organe in einem menschlichen Körper, und zwar Magen, Dünndarm, Dickdarm und Leber. Arbeitet weiter, aber unterhaltet euch dementsprechend!" Was haben sich die „Organe" wohl während ihrer Arbeit zu erzählen?

✳ Eine Gruppe von Leuten trifft sich bei einem Freund, um gemeinsam ins Kino zu gehen. Jeder zieht sich seinen Mantel über, und der Hausherr öffnet die Tür. Gerade, als alle ins Freie treten wollen, ruft der Spielleiter: „Ihr stellt fest, dass sich das Haus mitten auf einem Fußballfeld befindet! Gerade läuft das Spiel Borussia Dortmund gegen Schalke 04!" Wie reagieren die Betroffenen? Nehmen sie die markante Situation mit Humor? Oder geraten sie in Panik?

✳ Eine Gruppe von mehreren Personen wandert durch den Zoo und betrachtet dort die Tiere. Nach einer Weile ruft der Spielleiter: „Ihr bemerkt nun, dass nicht die Tiere im Käfig sitzen, sondern ihr selbst, und dass ihr nun von den Kreaturen gemustert werdet!"

Wenn es den Darstellern trotz der Kuriosität der einzelnen Situationen gelingt, in ihren Rollen zu bleiben, ist der Spaß für alle Beteiligten garantiert.

Material: ggf. Requisiten

111. Oper – Western – Horrorfilm

Vor Beginn wählt der Spielleiter (z.B. mittels einer Tageszeitung) beliebige Sätze aus. Jeden dieser Sätze schreibt er auf einen Zettel. Dann teilt er die Teilnehmer in insgesamt fünf Gruppen von mindestens vier Personen ein. Jede Gruppe bekommt drei bis fünf Zettel mit Sätzen. Nun muss jede der fünf Gruppen den anderen eine beliebige Szene vorspielen. Allerdings gibt es zwei Bedingungen:

1. Jede Gruppe muss die ihr zugeteilten Sätze in dem Stück unterbringen.
2. Per Los wird entschieden, auf welche Art die einzelnen Gruppen ihr Stück darstellen sollen. Eine Gruppe muss ihre Szene in Form einer Oper spielen, die andere als Ballett, die dritte Gruppe als Horrorfilm, die vierte Gruppe als Western, und die letzte

Gruppe zeigt eine Tragödie. Dabei ist zu beachten: In der **Oper** werden die Dialoge natürlich nicht gesprochen, sondern gesungen. Dabei sind die Gesangskünste des Einzelnen nicht von Bedeutung. Beim **Ballett** wird während des Stückes getanzt, was das Zeug hält. Beim **Horrorfilm** müssen die Darsteller eine möglichst angsteinflößende und gruselige Atmosphäre verbreiten. Beim **Western** dürfen selbstverständlich (imaginäre) Pferde, Pistolen, Cowboys und Indianer nicht fehlen. Und die oberste Bedingung in der **Tragödie** lautet: Alle Beteiligten müssen am Ende auf dramatische Weise ihr Leben verlieren.
Welche Gruppe verarbeitet ihre (un-)sinnigen Sätze wohl am originellsten?
Als zusätzliche Aufgabe kann jede Gruppe auch noch bestimmte Requisiten zugeteilt bekommen, welche sie in ihre Handlung einbauen muss.

Material: Zeitung, Papier, Kuli, ggf. Requisiten

112. Eine große Dose Bohnen

Zwei Freiwillige bekommen vom Spielleiter eine Szene genannt, an deren vorgegebenen Wortlaut sie sich genau halten müssen. Spieler A ist der Verkäufer eines Lebensmittelgeschäftes, Spieler B der Kunde. B betritt den Laden und sagt: „Guten Tag. Ich hätte gerne eine große Dose Bohnen!" A nimmt eine imaginäre Dose Bohnen aus dem imaginären Regal und gibt sie an B weiter mit den Worten: „Bitte schön, macht drei Mark." B gibt A das imaginäre Geld und sagt: „Bitte!" A nimmt das Geld und sagt: „Danke!" Dann verlässt B den Laden, und die Szene ist zu Ende.
Nun beginnt das eigentliche Spiel. A und B müssen die Szene jetzt erneut spielen, diesmal aber mit einer Veränderung. Jeder Satz muss so laut wie möglich gesagt werden. Der Dialog zwischen A und B ist dann natürlich beim folgenden Durchlauf eine einzige Brüllerei. Dann bekommen beide die Auflage, die Szene in Zeitlupe zu spielen. Demnach müssen also sowohl die Bewegungen als

auch das Sprechen der beiden in die Länge gezogen werden wie Kaugummi. Anschließend wird die Szene völlig hektisch gespielt, d.h. Bewegungen und Sprache müssen sich in ihrem Tempo fast überschlagen.

Danach kann eine neue Szene gewählt werden, z.B. spielt jetzt eine Szene in einer Bank. A ist der Bankkaufmann, B will Geld abheben. Der Dialog wird dann entsprechend geändert.

Es können noch beliebige andere Varianten gespielt werden, wobei dann auch die Darsteller wechseln. Auf diese Weise soll gezeigt werden, wie drastisch sich eine Szene verändern kann, obwohl der sprachliche Inhalt stets gleich bleibt.

113. Details verändern

Ähnlich wie bei der „Großen Dose Bohnen" finden sich auch hier zwei Freiwillige zusammen, um eine vorgegebene Szene zu spielen. A und B schmiegen sich aneinander, dann beginnt der Dialog, an welchen sich beide wieder wortgetreu halten sollten.

A: Ist irgendwas?

B: Hm?

A: Ist irgendwas nicht in Ordnung?

B: Womit?

A: Mit dir.

B: Warum? Hab ich was gesagt?

A: Gesagt hast du nichts.

B: Na also.

Dann spielen die beiden die Szene erneut. Im Gegensatz zur „Großen Dose Bohnen" wird nun aber nicht das Tempo oder die Betonung verändert, sondern nur die Stellung der beiden Spieler. Beim zweiten Durchlauf sitzt A am Tisch und starrt nach vorn. B steht abgewendet mit dem Gesicht zur Wand und starrt aus einem imaginären Fenster hinaus, so dass beide Spieler weder Körper- noch Blickkontakt haben. Dann wird der oben beschriebene Dialog wiederholt. Die zuschauenden Teilnehmer sollten anschließend sagen, wie sich diese Szene durch die neue Position verändert hat. Welches Gefühl kam jetzt rüber im Gegensatz zum ersten Durchlauf? Beim dritten Mal sitzt A wieder am Tisch und starrt nach vorne. B steht hinter A und hat ein Messer in der Hand. Dann wiederholen beide ihren Dialog. Was hat sich jetzt verändert, nachdem ein Requisit (Messer) in die Szene eingeflochten wurde?

Nach einer erneuten Reflexion innerhalb der Gruppe werden zwei neue Freiwillige gesucht, die einen anderen Dialog vorführen, ebenfalls mit anschließend veränderten Positionen und dem Hinzufügen eines Requisites.

Material: entsprechende Requisiten

114. Figuren entwickeln

Zu Beginn des Spiels legt der Spielleiter eine Anzahl verschiedener Hüte in die Mitte des Raumes. Es müssen mindestens so viele Hüte sein, wie Mitspieler vorhanden sind. Auf ein Zeichen des Leiters gehen nun alle Teilnehmer in die Mitte und wählen sich einen Hut aus, den sie sofort aufsetzen. Anschließend gibt der Leiter die Anweisung, durch den Raum zu gehen. Nun soll sich jeder Spieler eine Figur überlegen, zu welcher der Hut, den er gerade trägt, passen würde. Danach soll sich jeder Spieler für die erdachte Figur einen Gang überlegen, in welchem er dann weiter durch den Raum schreitet. Dann soll sich jeder – ohne anzuhalten – eine genauere Vorstellung von der Person machen, für die er sich einen Hut ausge-

sucht und einen Gang erarbeitet hat. Er soll sich überlegen: Wie heißt die Person? Wie alt ist sie? Wo wohnt sie? Übt sie einen Beruf aus? Wenn ja, welchen? Wie ist ihre äußerliche Erscheinung? Hat diese Person eventuell eine Behinderung? Welchen Familienstand hat diese Person? Was ist die herausragende Charaktereigenschaft? Dafür sollte der Seminarleiter den anderen mindestens eine gute Viertelstunde Zeit geben. Danach beenden die Teilnehmer ihren Lauf durch den Raum und setzen sich. Nacheinander ist nun jeder Einzelne aufgerufen, sich in der Rolle seiner erdachten Figur der Gruppe vorzustellen, das heißt, er erzählt etwas von sich, seiner Umwelt, seiner Familie usw. Die anderen Spieler können ihm auch Fragen zu seiner Person stellen, auf die der Angesprochene antworten muss. Dabei sollte der Spieler, der sich gerade vorstellt, immer darauf achten, dass er in seiner Rolle bleibt.

Wenn jeder sich vorgestellt und die Gruppe nun ein Bild bekommen hat von den verschiedenen Charakteren, finden sich die Spieler zu Paaren zusammen. Nun spielen die Paare nacheinander eine kleine Szene, in welcher sie in ihren jeweiligen Rollen aufeinandertreffen. Die Gruppe beobachtet derweil: Bleiben die beiden wirklich in ihrer Rolle? Wie wird die Szene eingefädelt, wie entwickelt sie sich? Auch ein eindeutiges Ende ist wichtig. Eine entscheidende Vorgabe: Die beiden jeweiligen Personen, die sich in der Szene über den Weg laufen, haben sich vorher noch nie gesehen.
Anschließend kann debattiert werden: Welche Begegnung war die interessanteste? Und warum? Lag es an einer einzelnen Person oder an der Zusammensetzung der beiden Charaktere, dass gerade diese Szene so lustig, tragisch oder intensiv war?

Material: große Anzahl verschiedener Hüte

115. Wände verschieben

Jeder Teilnehmer stellt sich mit dem Gesicht zur Wand auf. Der Abstand soll so gewählt sein, dass der Spieler seine Hände ausstrecken muss, um mit den Handflächen die Wand zu berühren. Auf ein Zeichen des Spielleiters hin stemmt sich nun jeder mit aller Kraft gegen die Wand und versucht (auch wenn dies selbstverständlich nicht möglich ist), die Wand zu verschieben. Er kann sich dabei vorstellen, dass es sich bei der Wand um ein Gefühl, eine Situation, einen Gegenstand oder gar eine Person handelt, welche er aus seinem eigenen Leben verbannen will. Dabei ruft jeder Mitspieler beliebige Laute, Worte oder ganze Sätze, die ihm bei dieser Aktion gerade in den Sinn kommen, und zwar so laut er kann. Wenn der Einzelne seinen Punkt erreicht hat, wo seine Energie verbraucht ist, setzt er sich mit dem Rücken zur Wand hin und atmet langsam und gleichmäßig. In dieser Phase der Übung kann jeder noch einmal das Gefühl ausdrücken, dass er beim versuchten Verschieben der Wand empfunden hat. Dieses Spiel eignet sich gut, um Aggressionen und Hemmungen abzubauen.

116. Ein Satz und drei Elemente

Es bilden sich Gruppen von drei bis fünf Personen. Jede Gruppe wählt einen beliebigen Satz aus, z.B. den Refrain eines Kinderliedes („Weißt du, wie viel Sternlein stehen", „Ein Männlein steht im Walde", usw.). Nun erarbeitet sich jede Gruppe in gemeinsamer Arbeit eine Szene, in welcher mindestens drei Elemente (z.B. Liebe, Geld und Tod) in irgendeiner Form vorkommen müssen. Das schwierige an der Sache: Bei der Darbietung dieser Szene dürfen die Schauspieler nur den vorher ausgewählten Satz verwenden, um die Situation, die Gefühle und die Charaktere der dargestellten Persönlichkeiten für die anderen deutlich zu machen. Außer dem festgelegten Satz sind keine anderen verbalen Äußerungen erlaubt. Wenn alle Gruppen vorgespielt haben, soll besprochen werden: Kam der Inhalt der Szene deutlich zum Ausdruck, obwohl nur *ein*

Satz verwendet werden durfte? Wenn ja oder wenn nicht, woran lag das im Einzelnen?

117. Szenen spielen mit verschiedenen Körpergefühlen

Jeweils sechs Teilnehmer bilden ein Team. Drei von ihnen sind Gruppe A, die anderen Gruppe B. Gruppe A beginnt nun ein möglichst belangloses Gespräch über ein beliebiges Thema, z.B. das Wetter. Alle Spieler haben die Auflage, ihre Hände stets am Körper zu lassen (z.B. auf dem Knie, auf dem Bauch, am Kinn, usw.). Sie dürfen ihre Hände nicht für eine einzige Sekunde vom Körper entfernen. Danach debattiert Gruppe B über das gleiche Thema. Diese Spieler dagegen dürfen ihre Hände zu keiner Zeit der Unterhaltung am Körper haben, sondern sie gestikulieren statt dessen möglichst wild drauflos.

Variante des Spiels: Alle sechs Spieler von A und B haben ein körperliches Handycap, welches sie während der Unterhaltung immer wieder an den Tag legen, z.B. nervöses Augenzwinkern, Lispeln, Schulterzucken, steifer Hals, permanenter Juckreiz, Zahnschmerz, schwitzende Hände usw.

An dieser Übung wird schnell ersichtlich, wie selbst aus einem belanglosen Text etwas Komisches werden kann, wenn man gewisse Körperhaltungen einbaut.

Abschlussübungen

Ebenso wichtig wie der gelungene Auftakt eines Spieltreffens oder eines Seminars ist ein guter Abschluss. Nichts ist unbefriedigender, als wenn alle Teilnehmer nach einer intensiven Arbeitsphase einfach auseinanderlaufen. Jedem muss die Möglichkeit gegeben werden, die gemeinsame Zeit in Ruhe „ausklingen" zu lassen. Jeder kann dann im Verlauf solcher Abschlussrunden das Erlebte und Gelernte für sich selbst – auf Wunsch auch unter Einbeziehung der Gruppe – noch einmal Revue passieren lassen. Ziel dieser Aktionen ist es, dass sämtliche Teilnehmer mit einem guten Gefühl nach Hause gehen und bestimmte Eindrücke mitnehmen.

118. Gegenseitiges Ent-Spannen

Diese Übung ist wörtlich zu nehmen. Jeweils zwei Personen finden sich zusammen. Spieler A setzt sich in einer für ihn bequemen Haltung auf einen Stuhl. Dann schließt er die Augen und versucht, seine einzelnen Körperpartien so locker wie möglich „hängen" zu lassen. Spieler B beginnt ganz behutsam, die einzelnen Körperpartien (Kopf bis Fuß) von A mit seinen Händen abzutasten und zu prüfen, an welchen Stellen A noch verkrampft und dementsprechend nicht genügend entspannt ist. Wenn B solche Stellen findet, ist es seine Aufgabe, diese Körperpartien durch vorsichtige Bewegungen (z. B. Heben und Senken der Ober- und Unterarme von A) „locker" zu machen und A damit zur Entspannung zu verhelfen. B muss dabei äußerst sensibel vorgehen. Zum einen, um die entsprechenden Stellen auch zu finden, zum anderen, um das von A entgegengebrachte Vertrauen nicht zu missbrauchen. Denn: Durch das Augenschließen begibt sich A regelrecht in die Hände von B. Diese Übung ist erst dann beendet, wenn B seinen Partner wirklich von allen noch vorhandenen Verspannungen befreit hat. Als letzte Aktion streicht B mit seinen Händen dem Partner A sanft den Rücken aus. Dies ist das Zeichen zum Wechsel. A öffnet langsam seine Augen und lässt die „Ent-Spannung" noch ein wenig nachwirken. Dann nimmt B auf dem Stuhl Platz und schließt die Augen, um sich von A auf gleiche Weise „ent-spannen" zu lassen.

119. Klopfmassage

Zwei Personen von etwa gleicher Körpergröße finden sich zur gegenseitigen Klopfmassage zusammen. Spieler A stellt seine Beine etwa hüftbreit fest auf den Boden und lässt seinen Oberkörper samt Kopf nach vorn fallen. B stellt sich hinter ihn und klopft nun mit seinen Handflächen sanft den Körper seines Partners von oben bis unten ab (Vorsicht im Bereich der Wirbelsäule!). A lässt seinen Mund geöffnet und lässt während des Ausklopfens einen lauten Summton erklingen, am besten in Form eines Vokals („Aaaaaaaa", „Uuuuuuuuh"). Am Ende streicht B mit seinen Handflächen den Körper von A noch einmal gründlich aus. Danach wechseln A und B ihre Rollen.

120. Ganzkörper-Massage

Wieder bilden sich innerhalb der Gruppe Paare. Partner A legt sich auf den Bauch und schließt die Augen. B kniet sich neben A und beginnt nun vorsichtig, seinen Partner zu massieren. Er fängt an bei den Schulterpartien, macht bei den Armen weiter und arbeitet sich dann über den Rücken von A langsam abwärts. Auch die Ober- und Unterschenkel sowie die Füße sind dankbar für eine Massage. Wie in der vorherigen Übung kommt es hier ebenso darauf an, dass B behutsam vorgeht und sich entsprechend Zeit lässt, so dass A die Massage genießen kann. Als Abschluss kann B seinem Partner wieder den Rücken, vielleicht sogar den ganzen Körper mit den Händen sanft „ausstreichen". A kann noch einen Moment die Übung nachwirken lassen, dann tauschen die beiden Partner ihre Rollen.

121. Pinsel-Massage

Die Massage zweier Partner kann auch mittels eines Pinsels durchgeführt werden. Am besten eignen sich dafür Schminkpinsel mit weichen Borsten von etwa 5 cm Länge. Hierbei wird der Körper des ruhenden Partners (A) nicht mit den Händen massiert. Statt dessen streicht B vorsichtig alle Körperpartien seines Partners mit dem Pinsel ab. Ob A dabei auf dem Rücken liegt oder im wahrsten Sinne des Wortes „gebauchpinselt" werden möchte, bleibt den einzelnen Personen überlassen.
Eine weitere Alternative ist die Massage mit Hilfe eines Igelballs.

Material: einige (Schmink-)Pinsel oder Igelbälle (bei Krankenkassen
            oder in Haushaltswarengeschäften erhältlich)

122. Wetter-Massage

Die Teilnehmer finden sich jeweils zu fünft zusammen. Eine Person legt sich auf den Bauch und schließt die Augen. Die anderen knien sich um sie herum und beginnen mit der Wettermassage. Zuerst fällt ein leichter Regen. In dieser Phase trommeln die vier knienden Personen leicht mit ihren Fingern auf dem Rücken des Liegenden. Nach einiger Zeit wird der Regen heftiger. Dementsprechend wird mit den Fingern jetzt stärker getrommelt. Danach geht ein wahrer Wolkenbruch hernieder, d.h. die Finger trommeln noch fester. Hinzu kommt ein starker Wind. In dieser Phase wird der liegende Teilnehmer mit den Händen der anderen hin-und hergeschaukelt, erst sanft, dann immer kräftiger. Das Geräusch des rauschenden Windes erzeugen die vier Masseure während dieser Aktion höchstselbst, ebenso das Donnergrollen, das sich nun hinzugesellt. Dann lassen es die Masseure auf dem Rücken ihres Partners mittels ihrer Finger weiterregnen. Noch ist der Regen kräftig, doch im Laufe der Zeit lässt er mehr und mehr nach, bis er schließlich aufhört. Jetzt kommt die letzte Phase der Übung: Die Sonne lässt sich blicken. Um das zu verdeutlichen, legen die Masseure ihre Handflächen vorsichtig auf Rücken, Ober- und Unterschenkel ihres Partners. Der kann durch die aufgelegten Hände nun die Wärme der Sonne spüren und in sich aufnehmen. Danach wird gewechselt, bis jede Person der Gruppe einmal die Wetter-Massage genießen konnte.

123. Pizza belegen

Eine kleine Variante der oben genannten Übung: Auch hier legt sich ein Teilnehmer mit geschlossenen Augen auf den Bauch. Der Liegende wird kurzum zur „Pizza" erklärt, welche es zu belegen gilt. Die vier Pizza-Bäcker müssen natürlich zuerst den Teig (also den Rücken des zu Massierenden) mit ihren Händen kräftig durchkneten. Dann muss der Teig ausgerollt werden, das heißt: Alle Bäcker streichen den Rücken ihres Partners mit flachen Händen aus. Dann kommt das Belegen. In diesem Fall wird der Rücken des Massierten mittels sanften Handklopfens der anderen bearbeitet. Der erste Bäcker belegt die Pizza mit Schinken, der zweite mit Salami, der dritte schlägt eventuell ein Ei auf, der vierte drückt mittels seiner Zeigefinger noch kleine Oliven in den Teig. Natürlich können auch die Ober- und Unterschenkel „garniert" werden. Danach muss die Pizza in den Ofen. In dieser Phase legen alle Pizzabäcker (wie bei der Wetter-Massage) ihre Hände auf Rücken und Beine des Massierten. Der kann nun die Wärme des „Ofens" in sich aufnehmen. Wenn er der Meinung ist, dass er „gut durch" ist, darf er das den anderen mitteilen. Danach wird jede Person aus der Gruppe der Reihe nach „belegt".

124. Handauflegen

Zwei Partner finden sich zusammen. A legt sich auf den Rücken und schließt die Augen. B kniet sich und legt seine Handflächen auf den Bauch von A. Dort lässt er sie einige Momente verweilen. Während dieser Zeit versucht B ganz bewusst, die Atmung seines Partners wahrzunehmen. Danach legt B seine Hände im Abstand von etwa einer halben Minute an andere Körperstellen von A (Stirn, Schulter, Brust, Beine, Füße). Danach Rollentausch vornehmen.

125. Musik-Meditationen

Zu Beginn sollte der Raum weitestgehend abgedunkelt werden (Licht aus, Vorhänge zuziehen). Die Teilnehmer legen sich in einer für sie bequemen Haltung auf den Boden und schließen die Augen. Der Spielleiter spielt nun mittels eines Tonträgers (Kassette, CD) eine Musik ein, zu der sich alle anderen möglichst gut entspannen können. Nach etwa zwanzig Minuten lässt der Spielleiter die Musik langsam ausklingen.

Danach sollte den Teilnehmern die Möglichkeit gegeben werden, langsam wieder aus der Meditation in die Wirklichkeit „zurückzukommen". Es ist wichtig, dass der Raum in dieser Phase noch abgedunkelt ist und es jedem selbst überlassen bleibt, wann er die Augen öffnet und sich aufrichtet.

Zum Abschluss kann der Einzelne auf Wunsch sagen, wie die Meditation auf ihn gewirkt hat, doch das sollte auf freiwilliger Basis geschehen.

Material: Tonträger (CD oder Cassette) mit entsprechendem Abspielgerät. Die bekanntesten Musiker, die sich auf Entspannungsmusik spezialisiert haben sind: Enya, Loreena McKennitt, Oliver Shanti. Prospekte mit weiteren Künstlern zu diesem Thema sind in nahezu jedem Tonträgerladen erhältlich.

126. Geschichten-Meditation

Parallel zu der oben beschriebenen Übung kann der Leiter während der Musik auch eine oder mehrere kleine Geschichten vortragen, die zur Entspannung geeignet sind.

Material: Tonträger (CD oder Kassette) mit entsprechendem Abspielgerät, Literatur mit Entspannungsgeschichten

127. Atem fließen lassen

Nachdem der Raum abgedunkelt wurde und alle Teilnehmer mit geschlossenen Augen auf dem Boden liegen, beginnt der Spielleiter mit der Atem-Meditation.

Er beginnt: „Fangt jetzt an, auf euren Atem zu achten. Atmet langsam und gleichmäßig ein und aus, und versucht dabei, den Fluss des Atems ganz bewusst zu spüren." Dann lässt er etwa eine Minute Zeit verstreichen, in welcher er die Teilnehmer noch einmal daran erinnert, langsam und bewusst ein- und auszuatmen.

Dann fährt der Spielleiter fort: „Stellt euch nun vor, dass ihr die eingeatmete Luft beim Ausatmen nicht aus eurem Körper, sondern in euren rechten Fuß fließen lasst."

Er wartet etwa eine halbe Minute, dann fährt er fort: „Nun merkt ihr, wie sich euer Fuß langsam mit dem Atem gefüllt hat. Lasst den Atem jetzt genauso bewusst und gleichmäßig in euren rechten Unterschenkel fließen."

Diese Übung geht nun stets so weiter, dass der Leiter jeweils nach dreißig bis vierzig Sekunden neue Anregungen gibt.

„Wenn ihr spürt, dass sich euer Unterschenkel mit dem Atem gefüllt hat, lasst den Atem weiterfließen in euren rechten Oberschenkel, bis auch dieser den Atemfluss in sich aufgenommen hat."

„Nun atmet langsam und gleichmäßig in den rechten Teil eures Beckens."

„Atmet jetzt in den linken Teil eures Beckens, bis euer ganzes Becken mit Atem gefüllt ist."

„Nun lasst den Atem vom linken Teil eures Beckens weiterfließen in den linken Oberschenkel."

„Euer Atem fließt jetzt vom linken Oberschenkel weiter abwärts in den darunter liegenden Unterschenkel."

„Nun fließt euer Atem auch in euren linken Fuß."

„Wenn sich euer Unterkörper mit Atem gefüllt hat, lasst den Atem in jeden einzelnen Finger eurer rechten Hand fließen … in euren rechten Unterarm … in den rechten Oberarm … in die rechte Schulter … von dort aus in den Bauch … von dort aus steigt der Atemfluss in die Brust … dann in die linke Schulter … in den linken Oberarm … in den linken Unterarm … in jeden einzelnen Finger der linken Hand …

Zum Abschluss: „Nun versucht noch einmal ganz bewusst zu spüren, wie ihr den Atem in euren Körper aufgenommen habt. Atmet auch dabei weiter langsam und gleichmäßig."

Nach einer gewissen Zeit fordert der Spielleiter die Teilnehmer auf, langsam die Augen zu öffnen und sich ganz allmählich aufzurichten. Danach kann in der Gruppe festgestellt werden: Wer konnte sich auf diese Übung gut und wer weniger gut einlassen?

128. Das kann ich!

Jeder Mensch besitzt Fähigkeiten, die er besser beherrscht als die meisten Personen seines Umfelds. In diesem Spiel geht es darum, der Gruppe diese Fähigkeit näher zu bringen. Ein Freiwilliger stellt sich in die Mitte und teilt zunächst mit, was er am besten kann. So behauptet z. B. Rita: „Ich kann besonders gut reiten!" Dann beschreibt sie den anderen, wie sie diese Tätigkeit ausführt, angefangen vom Satteln des Pferdes über den Ausritt bis hin zur anschließenden Pflege des Tieres.

Diese Übung kann zum einen angewandt werden beim Ausklang eines Spieletreffens, Seminars oder Workshops. In dem Fall beteiligen sich alle Teilnehmer – sofern sie dazu bereit sind – an dem Spiel. Ebenso kann diese Aktivität auf den Plan gerufen werden am Ende einer Theaterprobe. In dem Fall stellt sich dann jeweils nur eine Person zur Verfügung, und bei der nächsten Probe wird ein anderer Teilnehmer ausgewählt, so dass sich diese Übung letztlich über einen Zeitraum von mehreren Wochen ausdehnt.

129. Kanon singen

Einen schönen Abschluss bildet stets das Singen eines Kanons mit der gesamten Gruppe. Die Auswahl an entsprechenden Liedern ist äußerst groß (z.B. „Go down Moses", „Hejo, spann den Wagen an", „Der Hahn ist tot", „Froh zu sein bedarf es wenig", „Bruder Jakob", usw.).

Material: Kanonbücher (in nahezu jedem Buchladen erhältlich)

130. Fragebogen des Seminarleiters

Die folgenden Übungen eignen sich weniger für den Abschluss einer Probe, dafür aber um so mehr für den Ausklang einer längeren und intensiven Arbeitsphase in Form eines Seminars oder Workshops. Unmittelbar vor dem Abschluss des Seminars verteilt der Spielleiter an alle beteiligten Personen Fragebögen, zu denen sich die Gruppenmitglieder zunächst kurz Gedanken machen und anschließend reihum äußern. Beispiele für Fragen:

1. Entsprach das Seminar meinen persönlichen Erwartungen?
2. Wie stand ich vor Beginn des Seminars zur Gruppe?
3. Wie stehe ich jetzt zur Gruppe?
4. Welche Übungen waren für mich besonders hilfreich?
5. Welche Übungen waren für mich weniger hilfreich?
6. Gab es aus meiner Sicht ein sogenanntes „Aha"-Erlebnis?
7. Hätte ich eines oder mehrere Themen oder Punkte gerne ausführlicher behandelt?
8. Bin ich an einer Fortsetzung des Angebotes interessiert?
9. Was kann beim nächsten Mal verbessert werden?
10. Wie übertrage ich das Gelernte in den (Proben-)alltag?

11. Wie gehe ich mit der Gruppe nach diesem Seminar um?
12. Habe ich auch etwas über mich selbst gelernt? Wenn ja, was?
13. War ich mit der Leistung des Spielleiters zufrieden?

Wichtig ist bei so einer Aktion die Ehrlichkeit aller Beteiligten. Auch Antworten, die auf den ersten Blick negativ erscheinen, sollten immer sachlich und niemals persönlich aufgefasst werden. Dazu gehört natürlich auch, dass sie entsprechend formuliert werden.

Material: Papier, Kulis

131. Wunschbaum

Der Spielleiter schneidet aus einem großen Bogen Papier (z.B. Tapete oder Tonpapier) einen Baum aus, der mindestens zwei Meter hoch ist. Dieser Baum sollte unzählige Äste und Zweige aufweisen. Da es sich hier um einen Wunschbaum handelt, muss er natürlich nicht mit Früchten, sondern mit guten Wünschen behangen werden. Dafür sind die anderen Teilnehmer verantwortlich. Jeder schneidet aus einem Bogen Papier eine etwa handtellergroße Frucht (Apfel, Birne, Orange etc.) aus. In diese Frucht schreibt er dann mit einem Farbstift, was er sich für alle Mitglieder der Gruppe in Zukunft wünscht. Die Art der Wünsche sind jedem selbst überlassen, z.B. „innere Zufriedenheit", „einen Regenbogen", „viel positive Energie", „eine Portion Unbeschwertheit", usw.

Nachdem alle ihre Wünsche in die Frucht eingetragen haben, werden diese Früchte mittels Klebstoff an den Zweigen und Ästen des Wunschbaumes angebracht. Dann wird der Baum noch einmal vor der gesamten Gruppe auf dem Boden ausgebreitet, so dass jeder lesen kann, was sich seine Spielpartner für ihn und die Gruppe gewünscht haben. Bei diesem Spiel sollte keine anschließende Reflexion stattfinden. Jeder kann die Wünsche vom Wunschbaum in sich aufnehmen und mit nach Hause nehmen, die ihm besonders gut gefallen.

Material: Tapete oder Tonpapier, Schere, Klebstoff, viele Buntstifte

132. Wunschbild

Die guten Wünsche des Einzelnen an die gesamte Gruppe können natürlich auch in Form eines Bildes dargestellt werden. Dazu wird ein großer Bogen (Ton-)Papier auf dem Boden ausgebreitet. Anschließend bewaffnen sich alle mit Buntstiften und legen los. Wie der Einzelne seine Wünsche deutlich macht, bleibt seine Sache. Am Schluss sollte auch hier nicht über das Bild gesprochen werden, sondern jeder kann sich bestimmte Wünsche heraussuchen.

Material: (Ton-)Papier, viele Buntstifte

133. Abschied durch Handauflegen

Diese Übung lässt sich nur in einem kleinen Kreis durchführen oder, bei einer großen Gruppe, nur mit einzelnen Personen, weil sie sonst zu zeitaufwendig ist. Ein Teilnehmer (A) geht in die Mitte und schließt die Augen. Die anderen formieren sich im Kreis um ihn herum. Eine Person verlässt den Kreis, geht zu A, legt diesem an einer Stelle seines Körpers (Schulter, Kopf, Arm, Bauch) die rechte Hand auf und lässt sie dort ruhen. Danach kommt die nächste Person aus dem Kreis und berührt mit ihrer Hand eine andere Körperstelle von A. So tritt nun einer nach dem anderen zu A und legt seine Hand auf dessen Körper, bis jeder eine Hand auf A ruhen hat. A selbst kann die einzelnen Berührungen in sich aufnehmen, ohne die Augen zu öffnen. Er kann den Kontakt und die Warme der anderen spüren und versuchen, einen Teil dieses Gefühls mit nach Hause zu nehmen.
Nach und nach lösen sich die anderen wieder von A und bilden erneut einen Kreis um ihn. Wenn der letzte wieder seine Hand von A genommen und in den Kreis gegangen ist, öffnet A die Augen. Er kann kurz beschreiben, was er bei dieser Übung empfunden hat. Dann kann sich nach Wunsch der nächste die Hände auflegen lassen.

134. Abschiedsblicke

Am Anfang stellen sich jeweils zwei Teilnehmer einander gegenüber. Sie blicken sich fest in die Augen, ohne ein Wort zu verlieren. Sie verabschieden sich nur durch ihre Blicke voneinander. Nach etwa einer halben Minute wechseln die Partner untereinander, bis sich alle durch gegenseitigen Blickkontakt voneinander verabschiedet haben. Danach stellen sich alle im Kreis auf und fassen sich an den Händen. Die ganze Gruppe bleibt nun in dieser Position für eine bestimmte Zeit stehen, und jeder lässt noch einmal seine Blicke durch die Runde – also durch die Gesichter der anderen schweifen –, ohne dass dabei gesprochen wird. Zum Abschluss drücken alle ihrem rechten und linken Nachbarn die Hand, dann löst sich der Kreis schweigend auf.

135. Abschlussrunde mit Stein

Mittels eines Steins lässt sich nicht nur eine Vorstellungsrunde, sondern auch eine Abschlussrunde gestalten. Dabei setzt sich die Gruppe wieder im Kreis zusammen, und der Spielleiter lässt erneut einen Stein durch die Hände der Teilnehmer wandern. Derjenige, der den Stein in Besitz hat, kann sich nun über das Spieletreffen, das Seminar oder die Probe äußern: ob seine Erwartungen erfüllt wurden, wie er die einzelnen Übungen bzw. die Gruppe und den Spielleiter empfunden hat usw. Auch hier gilt: Nur der mit dem Stein hat das Wort, alle anderen sind aufmerksame Zuhörer.

Material: ein (faustgroßer) Stein

Übungen und Tipps speziell für Theaterbegeisterte

Die folgenden Übungen eignen sich insbesondere für Theatergruppen. Sie sind angebracht, um die Anfangsphase einer geplanten Inszenierung zu gestalten, d.h. wenn ein bestimmtes Stück einstudiert wird. In diesem Kapitel kann auf den einzustudierenden Text mit verschiedenen Übungen eingegangen werden. Die Darsteller erhalten darüber hinaus die Möglichkeit, sich intensiv mit ihrer eigenen Rolle zu befassen, um diese zu erarbeiten und weiterzuentwickeln. Dabei können allgemeine Übungen oder auch gezielte Fragen zum Charakter der darzustellenden Figur hilfreich sein.

Bevor die verschiedenen Übungen zu Stück und Rolle in Angriff genommen werden, müssen noch verschiedene Fragen geklärt werden, vor allem: Welches Stück soll überhaupt inszeniert werden? Ist dieses Stück dann endlich ausfindig gemacht, kommt das nächste Problem: Was ist bei der Besetzung der einzelnen Rollen zu bedenken?

Dieses letzte Kapitel soll für den Spielleiter/Regisseur und für die Mitspieler eine Art Leitfaden bei der Klärung dieser Fragen bilden. Je gewissenhafter die im Vorfeld anfallenden Punkte geklärt werden, um so größer sind die Chancen für eine gelungene Aufführung.

136. Stichfragen zur Rolle und Rollenbiographie

Wenn jeder Spieler seine Rolle zugewiesen bekommen hat, sollte zunächst mit der Biographie, d.h. dem „Erforschen" der darzustellenden Figuren begonnen werden. Dies muss aber nicht allein Sache des Regisseurs sein. Es ist weitaus vorteilhafter, wenn sich jeder Darsteller eigene Gedanken um die Rolle macht, welche er verkörpert. Dabei kann der Spielleiter einen Katalog von Fragen zusammenstellen, welche die Rolle betreffen. Diese Fragen händigt er dann in Form von Zetteln jedem Spieler aus. Unter jeder Frage sollte genügend Platz sein, dass die Spieler ihre eigenen Anmerkungen darunter schreiben können. Beim nächsten Treffen setzt sich die Gruppe zusammen, und jeder trägt seine Antworten bezüglich seiner Rolle den anderen vor. Gemeinsam wird darüber diskutiert, ob die Antwort im Bezug auf die Rolle passt oder nicht. Der Fragenkatalog hinsichtlich der zu verkörpernden Rolle kann folgendes Muster aufweisen:

1. Wie lautet mein Name?
2. Wie alt bin ich?
3. Wie ist meine äußere Erscheinung?
4. Habe ich körperliche oder psychische Gebrechen?
5. Wovon bestreite ich meinen Lebensunterhalt?
6. In welchem Milieu lebe und verkehre ich?
7. Wo begegne ich im realen Leben dem Milieu, welchem ich im Stück angehöre?
8. Wie kann ich meinen Charakter skizzieren (möglichst in wenigen Worten)?
9. Bin ich zufrieden mit meiner Lebenssituation? (ggf. konkretisieren)
10. In welcher Stimmung verkehre ich zu Beginn der Rolle?
11. Welche Bestrebungen liegen meinen Handlungen zugrunde?
12. Welche Funktion habe ich in dem Stück bzw. in der Szene?
13. Was ist das Hauptthema meiner Rolle?
14. In welchem (historischen) Zeitraum bewegt sich meine Rolle?
15. Welchen Lebenslauf hatte meine Rolle bisher?
16. Wo halte ich mich in dem Stück zeitlich auf (Uhrzeit, Jahreszeit)?
17. Welche Sinneswahrnehmungen hat meine Rolle?

18. Was will ich in den einzelnen Situationen von den Menschen bzw. was will ich mit den Gegenständen anstellen?
19. Was erwarte ich vom Leben bzw. meinem Umfeld im Stück?
20. Wo und wie löst sich das Erwartete ein? Was mache ich, um meine Sehnsüchte zu befriedigen?
21. Welche Beziehungen bestehen zu den anderen Personen bzw. Gegenständen im Stück?
22. Wie wirken sich diese Beziehungen auf die Körperlichkeit meiner Rolle aus?
23. Wie verändern sich Räumlichkeit und Atmosphäre durch den Auftritt meiner (und anderer) Rolle(n)?
24. Wo entstehen Wendepunkte durch neu hinzukommende Personen oder Gegenstände?
25. Die herausragende positive und herausragende negative Eigenschaft meiner Rolle lautet?
26. Welches Tier passt zu meiner Rolle (mutiger Löwe, stolzer Pfau, treuer Hund etc.)
27. Hat die Rolle auch komische Seiten? Wenn ja, welche?
28. Was würde ich in der Rolle normalerweise nie tun und wo mache ich es im Stück (zumindest ansatzweise) dann doch?
29. Gibt es eine Bewegung oder einen Satz, welche(n) die Rolle ständig an den Tag legt?
30. In welcher Stimmung verlasse ich das Stück?

Um die Spieler mit dem Fragenkatalog nicht gleich zu „erschlagen", kann der Spielleiter zunächst nur die Fragen 1–12 auflisten und an die Darsteller aushändigen. Gegebenenfalls kann er sich auch bestimmte Fragen selbst heraussuchen und einen individuellen Katalog zusammenstellen. Die Fragen von 13–30, die schon mehr ins Detail gehen, können bei späteren Proben immer noch ausgehändigt werden. Auch hier liegt der entscheidende Vorteil darin, dass die Spieler sich selbst Gedanken um ihre Rolle machen, anstatt dies einfach dem Spielleiter zu überlassen. Die Alternative wäre, dass der Spielleiter jedem Darsteller erläutern müsste, warum er sich in der Rolle so oder so verhalten muss. Eine Rolle lässt sich aber wesentlich glaubhafter spielen, wenn der Spieler sich selbst deutlich macht, warum er in bestimmten Situationen des Stückes gerade so und nicht anders handelt.

137. „Verkorkste" Szenen

Die Aussprache ist ein wichtiges Kriterium beim Theaterspielen. Ein Stück kann noch so gut gespielt werden, die Darsteller noch so überzeugend sein – wenn der Inhalt akustisch nicht beim Publikum ankommt, war alle Mühe umsonst. Um ein besseres Bewusstsein für die Deutlichkeit der eigenen Aussprache zu bekommen, können aus dem gerade einzustudierendem Stück mehrere Szenen ausgewählt werden. Diese werden dann gespielt, allerdings klemmen sich die Darsteller zu Beginn einen Korken zwischen die Vorderzähne. Die anderen Teilnehmer sollten sich dann nicht nur als Zuschauer, sondern vor allem als Zuhörer beteiligen. Sie können den Darstellern nachher Rückmeldung geben, welche Passagen trotz „verkorkster" Situation gut zu verstehen waren und an welchen Stellen die Aussprache noch verbessert werden kann.

Material: einige Korken

138. Sätze in verschiedenen Stimmungen

Jeder Teilnehmer wählt sich für seine Rolle einen Satz aus, der seiner Meinung nach für die von ihm darzustellende Person oder aber für den Verlauf des Stückes eine besondere Bedeutung hat. Dann sagt der Betreffende diesen ausgewählten Satz in verschiedenen Stimmungen, z.B. traurig, fröhlich, mutig, ängstlich, verbittert, hektisch, monoton, aufgeregt, wütend, aggressiv, schüchtern, müde, hellwach usw. Er kann für sich selbst dabei herausfinden, welche Betonung bzw. Stimmung wohl am ehesten auf den Satz und die Art der darzustellenden Person zutrifft. Gegebenenfalls kann er sich Rückmeldungen aus der Gruppe holen, um sicher zu gehen.

139. Spezielle Figuren erarbeiten

Hier handelt es sich um eine Variante der im vorherigen Kapitel beschriebenen Übung „Figuren entwickeln" (siehe Seite 93). In diesem Fall sind die Spieler ebenfalls aufgefordert, sich (ggf. wieder in Verbindung mit der Auswahl einer entsprechenden Kopfbedeckung) eine Körperhaltung und eine Lebensgeschichte zu erarbeiten, und zwar nicht zu einer beliebigen Person, sondern genau zu der Figur, welche sie in dem Theaterstück verkörpern, das gerade mit der Gruppe einstudiert wird.

140. Ausstieg aus einer speziellen Szene

Auch diese Übung ist eine Abwandlung aus dem vorangegangenen Kapitel, und zwar zu „Ausstieg aus einer Szene" (siehe Seite 80). In diesem Fall suchen sich der Spielleiter und der betreffende Darsteller gemeinsam eine Szene aus dem einzustudierenden Text heraus. Der Spieler spielt nun diese Szene nach (natürlich mit Beteiligung seiner Spielpartner), und an gewissen Stellen unterbricht er das Theaterspiel und steigt aus der Szene aus. Nun kommentiert er die Szene und beschreibt seine Gefühle. Da es sich nicht um ein eigenes Erlebnis handelt, schildert er seine Empfindungen natürlich nicht aus seiner persönlichen Sicht, sondern mit den Worten der Person, welche er in dieser Szene verkörpert. Diese Übung kann sehr hilfreich sein, sich über das Handeln der eigenen Rolle in einem Stück klar zu werden.

Material: ggf. Requisiten

141. Körperhaltungen in eine bestimmte Szene einbauen

Die dritte Variante zu einer Übung aus dem vorherigen Kapitel „Körperhaltungen in eine Szene einbauen" (siehe Seite 81). Auch diese Abwandlung orientiert sich an dem Stück, welches gerade von der Gruppe einstudiert wird. Eine Gruppe von Darstellern, die innerhalb des Stücks aufeinander trifft, probiert verschiedene Körperhaltungen aus (je Person drei), die nach Meinung des Einzelnen zu der Rolle passen, welche er in dem Stück verkörpert. Dann wird ein Teil aus der Szene des Stückes gespielt, wo diese Darsteller zusammentreffen. Jeder Darsteller lässt nun im Verlauf des Spiels seine erarbeiteten Körperhaltungen in die Handlung einfließen. Nachher wird innerhalb der Gruppe wie bei der ersten Variante reflektiert: Passte die Körperhaltung zu der Person? Und wenn nicht, lag es an dem darzustellenden Charakter der Figur oder an der Situation, in welcher sich die Figur im Verlauf der Szene befand?

Material: ggf. Requisiten

142. Charakter-Lose

Der Spielleiter bestimmt zu jeder Figur, die in dem gerade zu erprobenden Stück vorkommt, die herausragende Charaktereigenschaft. Dann betitelt er die Figuren anhand dieser Eigenschaften mit bestimmten Nachnamen. Beispiele:

* Eine Person, die in dem betroffenen Stück stets nur von sich erzählt, um sich in den Mittelpunkt zu stellen, wird als Mr. Wichtig oder Mrs. Wichtig betitelt.
* Eine Person, die extreme Launen aufweist, wird als Herr oder Frau Muffel bezeichnet.
* Eine Person, die in dem Stück stets gute Laune und Heiterkeit verbreitet, wird Herr oder Frau Sonnenschein genannt.
* Eine Person, die besonders verklemmte und schüchterne Seiten aufweist, heißt dann Herr oder Frau Rühr-mich-nicht-an.
* Eine Person, die besonders herablassende Eigenschaften aufweist, erhält den Namen Herr oder Frau Nase-hoch.

Hierbei ist die Kreativität des Spielleiters gefragt. Er kann die Nachnamen entsprechend der Rollencharaktere seiner eigenen Fantasie überlassen. Die von ihm erdachten Nachnamen schreibt er nun jeweils auf einen Zettel und steckt jeden Zettel in einen Umschlag. Dann versammelt er die Spieler um sich, welche die Rollen in dem betreffenden Stück verkörpern. Jeder Spieler wählt nun willkürlich einen Umschlag aus, nimmt ihn an sich, öffnet ihn und liest den Fantasienamen, welcher darauf vermerkt ist. Nun kommt der wichtigste Teil dieser Übung: Der Spielleiter hält sich zurück und fungiert nur noch als neutraler Beobachter. Jetzt ist es Sache der Spieler, durch gemeinsame Diskussion herauszufinden, ob sie tatsächlich den Zettel mit dem Namen gezogen haben, der ihrer Rolle entspricht. Wenn nicht (was wahrscheinlicher ist), müssen die Spieler ihre Zettel untereinander tauschen, bis sich die Gruppe einig ist, dass jeder den Nachnamen in der Hand hält, welcher zu seiner eigenen Rolle passt. Jeder sollte auch kurz begründen, warum er der Meinung ist, dass gerade seine Rolle Mr. Wichtig, Frau Rühr-mich-nicht-an oder Frau Nase-hoch entspricht.

Material: Zettel, Briefumschläge, Kuli

143. Projizieren von Gefühlen in eine andere Situation

Der Spielleiter/Regisseur wählt aus dem zu probenden Theaterstück die Gefühle aus, die für den Verlauf des Stückes von entscheidender Bedeutung sind. Dann gibt er den beteiligten Spielern dieses Stückes eine Situation vor, in welcher genau die gleichen Gefühle erspielt werden müssen. Die Spieler versuchen nun, mit den gleichen Gefühlen, die sie in dem zu probenden Stück darstellen müssen, auch die neue Situation zu spielen. Beispiel:
Die Gruppe probt ein Stück, wo zwei Personen durch ein Schicksal verbunden sind. Person A ist krank und dringend auf die ständige Hilfe von Person B angewiesen. A ist B also sozusagen ausgeliefert. Die beiden entscheidenden Gefühle dieser Szene bzw. des Stückes sind dann *Ohnmacht (A)* und *Macht (B)*.
Nun bekommen A und B vom Spielleiter eine neue Situation vorgegeben, wo sie ihr Verhältnis und ihre Gefühle im Stück darstellen

müssen. A ist dann ein Angestellter, der bei seiner Arbeit einen entscheidenden Fehler gemacht hat und nun bei seinem Vorgesetzten
(B) dafür gerade stehen muss. B muss nun seine Macht ausspielen,
da er ja die Existenz von A mehr oder weniger in der Hand hat. A
dagegen muss seine Hilflosigkeit zum Ausdruck bringen, da er ja
auf den Job und somit zwangsläufig auf das Wohlwollen seines
Chefs (B) angewiesen ist.

Material: ggf. Requisiten

144. Projizieren von Personen in eine andere Situation

Um sich über den Charakter einer Rolle klar zu werden, kann sich
der Darsteller auch über das Stück hinaus mit dieser „Person"
befassen. Zu der o.g. Übung lässt der Spielleiter die einzelnen
Figuren des Stückes in einer völlig anderen Situation aufeinandertreffen als im Stück beschrieben. Der Unterschied zur vorangegangenen Übung: Die Personen übernehmen für dieses Spiel nicht nur
das Verhältnis und die Gefühle, sondern sie spielen dann tatsächlich auch die im Stück vorkommende Rolle. Beispiel:
In dem einzustudierenden Stück geht es um eine Abendgesell-
schaft, bestehend aus zwei Ehepaaren. Das erste Ehepaar, das zur
sogenannten „Mittelschicht" gehört, hat zum Abendessen geladen.
Das zweite (eingeladene) Ehepaar gehört eher zu den „Oberen
Zehntausend". Dementsprechend gibt es natürlich Spannungen
untereinander. An dieser Stelle löst sich der Spielleiter von der
Textvorgabe des Stückes und lässt die beteiligten Darsteller nicht
im Hause des ersten Ehepaares aufeinandertreffen, sondern an ganz
anderen Orten, z. B. in einer Imbissbude, in einem Fahrstuhl, im
Damen-WC während einer Vereinsfeier, im Theater oder Kino, auf
einer Flugreise, im Supermarkt usw.
Nun können Spielleiter und spielende Personen beobachten:
Gelingt es, die entscheidenden Charaktereigenschaften der Figuren
an einen anderen Ort und in eine andere Situation zu übertragen?

Wer war auch bei dieser Improvisation glaubhaft und blieb in seiner Rolle? Wer hängt noch zu sehr an der Situation, die im Stück vorgegeben ist und kann sich schwer davon lösen?

Material: ggf. Requisiten

145. Rückblende

Jedes Theaterstück hat Anfang und Ende – logisch! Was aber hat sich wohl zwischen den einzelnen Personen abgespielt, bevor das eigentliche Stück begann? Der Spielleiter stellt den Darstellern die Aufgabe, die einzelnen Personen in der Stimmung zu verkörpern, in welcher sie sich unmittelbar vor dem Beginn der eigentlichen Handlung befinden. Greifen wir noch einmal auf die beiden Ehepaare aus der vorherigen Übung zurück. Das Stück beginnt damit, dass alle vier Figuren am Tisch sitzen und sich Essen auffüllen. In Form einer Rückblende spielen die Darsteller nun nach eigenem Ermessen, was sich zwischen den beiden Ehepaaren wohl abgespielt hat, bevor sie zum großen Dinner aufeinandertreffen. Das beide Parteien auf dieses Abendessen keine sonderliche Lust verspüren, ist ja schon aus der letzten Übung bekannt. Zuerst ist das Ehepaar aus der „Mittelschicht" an der Reihe. Die beiden Darsteller spielen nun eine Szene, die zeitlich gesehen etwa eine halbe Stunde vor dem Eintreffen der erwarteten Gäste liegt. Beide sind damit beschäftigt, sich anzuziehen, den Tisch zu decken, das Essen vorzubereiten usw. Aber nicht nur die Handlungen sind entscheidend, sondern vor allem, was die beiden momentan empfinden. Sie mussen deutlich machen, wie nervös und unsicher sie dem Ereignis entgegensehen. Anschließend wirft sich das „noble" Ehepaar für das bevorstehende Essen in Schale. Hierbei gilt es, zum Ausdruck zu bringen, dass diese beiden Herrschaften überhaupt keine Lust dazu verspüren, weil die Gastgeber ja sowieso unter ihrem eigenen „Niveau" sind.

Material: ggf. Requisiten

146. Nachspann

Diese Übung funktioniert vom Prinzip genau wie die vorherige. Allerdings verkörpern die Darsteller hierbei nicht die Situation vor Beginn des Stückes, sondern die Handlung, die sich nach Ende des Stückes zwischen den einzelnen Figuren abspielt. Beispiel:

Das beschriebene Stück endet offiziell damit, dass die beiden Ehepaare sich mächtig in die Haare geraten. Das „noble" Ehepaar verlässt daraufhin wutschnaubend das Haus der Gastgeber. Diese selbst bleiben frustriert zurück.

Nun spielen die einzelnen Darsteller in freier Improvisation die Szenen, die sich *nach* dem Ende des Stückes zwischen den beteiligten Figuren ereignen könnten. Das Gastgeber-Ehepaar sitzt wie geplättet am Tisch, und der eine schiebt dem anderen die Schuld für das Scheitern des eingeplanten „gelungenen Abends" in die Schuhe. Das Nobel-Paar hingegen bekräftigt sich während des Heimwegs in der Ansicht, dass das Ganze ja von vornherein sinnlos war und schief gehen musste, wenn man sich mit dem gewöhnlichen „Fußvolk" abgibt.

Die Übungen „Rückblende" und „Nachspann" sollten möglichst hintereinander angewandt werden. So können sich die Darsteller noch einmal ganz deutlich vor Augen führen: Mit welcher Stimmung gehe ich in das Stück hinein? In welcher Gefühlslage verlasse ich das Stück? Was ist der Antrieb bzw. die Motivation für meine im Stück vollzogenen Handlungen? Welche Stelle/Szene im Stück ist ausschlaggebend dafür, dass das Stück so endet, wie es endet?

Durch die Verknüpfung der beiden Übungen und die daraus resultierenden Fragen kann jeder herausfinden: Worauf laufen meine Handlungen innerhalb des Stückes letztendlich hinaus? Wie verändern sich meine Gefühle im Verlauf des Stückes?

Material: ggf. Requisiten

147. Stichpunkte zur Stückauswahl

Die folgenden Gesichtspunkte können für die Auswahl des Stückes kleine Hilfestellungen liefern. An dieser Stelle wird bereits eine wichtige Entscheidung getroffen, denn das Stück, auf welches letztlich die Wahl fällt, bildet logischerweise den Schwerpunkt für die Gruppenarbeit der nächsten Wochen bzw. Monate.

1. Wenn die Gruppe im Vorfeld kein bestimmtes Stück oder Projekt ins Auge gefasst hat, stellt sich zuerst die Frage, wie man sich Informationen über die Auswahl an verfügbaren Theaterstücken verschaffen kann. Nahezu alle bekannten Theaterverlage stellen gegen geringe Gebühr ihre im Programm befindlichen Texte für einige Wochen zur Ansicht zur Verfügung. Um einen Überblick hinsichtlich des Angebotes zu bekommen, ist es auch kein Problem, im Vorfeld einen Katalog von dem jeweiligen Unternehmen zu bestellen; viele bieten mittlerweile auch Zugriff auf ihr Lieferprogramm über Internet an. Bestimmte Theaterverlage haben sich sogar gezielt auf die Arbeit mit Amateurgruppen spezialisiert (Deutscher Theaterverlag Weinheim, Impuls Verlag, München usw.).

2. Jedes in der Vorauswahl befindliche Stück sollte beim ersten Lesen ohne Interpretation oder Rollenfixierung gelesen werden. Wichtig ist zunächst nicht die Aussage oder die Frage, wer welche Rolle spielen könnte. Das Stück als Ganzes muss im Vordergrund stehen. Dabei ist es nicht entscheidend, ob das Stück von einer einzelnen Person oder innerhalb der gesamten Gruppe gelesen wird.

3. Die Leser sollten reflektieren: Welche Bilder und Assoziationen entstehen während des Lesens?

4. Ist/Sind dann ein (oder mehrere) Stück(e) in der engeren Auswahl, können sich eine oder mehrere Personen mit dem geschichtlichen, gesellschaftlichen und politischen Hintergrund des Werkes befassen.

5. Es können Informationen über den Autor gesammelt werden.

6. Es kann nach homogenen Stücken gesucht werden, die eine ähnliche Aussage haben.

7. Jeder kann sich fragen: Wie betrifft mich das Stück persönlich? Welche Handlungen habe ich selbst schon vollzogen bzw. kann ich nachvollziehen?

8. Der Spielleiter/Regisseur oder Freiwillige aus der Gruppe können – falls vorhanden – Literatur zum Stück zusammentragen und sich eingehend damit befassen.

10. Welche schauspielerischen Anforderungen stellt das Stück? Hat die Gruppe das erforderliche quantitative und qualitative Potential an Darstellern?

11. Welche technischen Anforderungen stellt das Stück, und lassen sich diese mit den Mitteln der Gruppe realisieren?

12. Welche Anforderungen in puncto Ausstattung (Bühnenbild, Kostüme) stellt das Stück, und lassen sich diese mit den Mitteln der Gruppe realisieren?

13. Welche Kosten (Ausstattung, Tantiemen) entstehen durch das Stück?

14. Lässt sich das Stück innerhalb eines bestimmten Zeitraumes inszenieren?

15. Welche Zielgruppe soll mit dem Stück angesprochen werden, bzw. welches Publikum soll erreicht werden (Kinder, Jugendliche, junge Erwachsene, ältere Menschen)?

16. Zudem sollte überprüft werden, welche Stücke bei den Amateur- und Profibühnen des näheren Umkreises in naheliegender Zeit auf dem Spielplan stehen, um zeitgleiche Aufführungen identischer Stücke zu vermeiden.

148. Stichfragen zur Rollenbesetzung

Folgende Fragen können bei der Auswahl der einzelnen Darsteller für die verschiedenen Rollen von Bedeutung sein:

1. Ist es möglich, jede einzelne Rolle mit einer Person zu besetzen? Oder ist eventuell eine Doppelbesetzung (eine Person spielt zwei oder noch mehr kleinere Rollen) erforderlich bzw. ratsam?

2. Können bei personellen Differenzen zwischen der Theatergruppe und dem favorisierten Stück Frauenrollen in Männer-

rollen umgeschrieben werden (bzw. Männerrollen in Frauenrollen)?

3. Sind eventuell Frauen innerhalb der Gruppe in der Lage, eine
   Männerrolle zu spielen? Natürlich ist es auch möglich, Männer
   in Frauenrollen zu stecken. Dies hat jedoch meist einen (oft-
   mals unbeabsichtigten) komischen Charakter.

4. Können bei Personenmangel bestimmte (Statisten-)Rollen aus
   dem Stück gestrichen werden?

5. Kann bei einem Überschuss an Darstellern eventuell noch die
   eine oder andere kleine Rolle in das Stück eingefügt werden?
   Dies müsste allerdings mit dem Theaterverlag abgestimmt
   werden, welcher die Rechte an dem jeweiligen Werk besitzt.

6. Welche Rolle passt am besten zu den einzelnen Darstellern
   hinsichtlich der Körperlichkeit (Optik, Stimme usw.) und des
   Charakters?

7. Sind die für die Hauptrollen vorgesehenen Personen flexibel,
   z.B. im Bezug auf das Anberaumen zusätzlicher Proben? Ver-
   fügen sie über ein gewisses Improvisationstalent, falls bei der
   Aufführung auf der Bühne doch mal etwas schief läuft?

8. Sind die für die Hauptrollen vorgesehen Personen zuverlässig
   im Bezug auf regelmäßige Anwesenheit bei den Proben und
   entsprechenden Arbeitseinsatz?

9. Ist es bei der einen oder anderen Person auch möglich, diese
   „gegen den Strich" zu besetzen, das heißt, ihr eine Rolle zuzu-
   teilen, die auf den ersten Blick genau das Gegenteil ihres
   eigentlichen Charakters darstellt? Diese Konstellationen
   erweisen sich oft als sehr vorteilhaft, denn viele spielen gerade
   deshalb Theater, um auf der Bühne etwas zu verkörpern, was
   sie im alltäglichen Leben niemals an den Tag legen würden.

10. Wenn für eine große Rolle mehrere Personen in Frage kom-
    men, kann sich der Regisseur für denjenigen entscheiden, der
    vielleicht in der Vergangenheit eher die kleinen Rollen verkör-
    pert hat. So erhalten auch solche Personen die Möglichkeit,
    einmal in großen Rollen ihr Können zu beweisen.

 Ende